KB093132

스무살부터 배우는 절세법

**사회 초년기부터 은퇴 후 생활까지
모르면 손해 보는 절세비법**

스무살부터 배우는 절세법

택스코디 지음

재테크보다
뛰어난
세테크의 기술

생애주기별로
정리한
절세 노하우

연령·상황별
사례로 알아보는
절세 꿀팁

다온북스
DAON BOOKS

생애주기란 사람이면 누구나 거치게 되는 '출생 → 성장 → 결혼 →
자녀 양육 및 교육 → 자녀독립 → 노후 → 사망'으로 이어지는 일련의
일생 단계를 말합니다.

결혼으로 새로운 가정을 형성한 다음 생애주기는 '신혼기 → 자녀출
산 및 양육기 → 자녀 교육기 → 자녀 독립기 → 은퇴기'의 5단계로 구분
하기도 합니다. 대부분 신혼기는 20대 후반에서 시작하여 30대는 자녀
출산 및 양육기, 40대는 자녀 교육기, 50대가 되면 자녀 독립기, 60대부
터는 노년기에 해당합니다.

자녀의 대학 입학, 결혼 또는 집을 장만하기 위해서는 큰돈이 필요
하므로 미리 필요한 시점에 맞추어 돈을 모아 목돈을 준비해놓아야만
합니다. 특히 평균수명이 길어지면서 노후자금도 더 철저히 준비해야
합니다. 이를 돈 관리라고 합니다. 이러한 돈 관리를 잘하지 못하면 빚
더미에 올라앉을 가능성이 커집니다. 돈 관리의 최종 목표는 일생을 경
제적 위기 없이 행복하게 보내는 것입니다. 그래서 생애주기별로 적절
한 돈 관리가 중요합니다.

∥∥∥

경제적인 어려움 없이 살아가려면 생애주기별 돈 관리 팁을 잘 알고 있어야 합니다. 그 이유는 생애주기에 따라 소득수준과 지출수준이 서로 다르기 때문입니다.

10대 성장기는 용돈관리 및 저축을 통하여 돈 관리 능력을 키우는 것이 중요하며, 20대 청년기에는 종잣돈 마련과 소비통제를 위하여 소득의 절반은 먼저 저축하고 목돈마련과 절세를 동시에 얻을 수 있는 금융상품에 가입하면 좋습니다. 30대 신혼기 및 자녀 양육기에는 결혼으로 인한 부채가 있으면 먼저 갚고, 전세 혹은 월세 보증금 상승에 대비함과 동시에 주택청약저축에 가입하는 등 주택 구입을 위한 본격적인 준비를 해야 합니다. 아울러 자녀의 대학 교육자금을 준비하되 교육보험이나 비과세 목돈마련을 위한 금융상품에도 가입하면 좋습니다.

40대는 자녀 교육기로 경제적 여유가 생기기 시작하며 자녀 결혼자금을 준비해야 합니다. 또한, 가족이 늘어나 주거공간의 확대가 필요하면 보다 넓은 집으로 옮겨갈 계획을 세워야 하고, 이를 위해 다시 주택청약종합저축에 가입해야 합니다. 그리고 50대는 자녀 독립기에 해당하며, 보유한 자산관리는 안전을 최우선으로 하고 노후대비에 집중해야 합니다. 60대는 은퇴(노후기)기로 월수입을 조금이라도 더 확보하는 방법을 마련하고, 자산의 유동성을 높이고 비상자금을 넉넉히 준비하며 배우자와 돈 관리를 상의하고 상속·증여계획과 유언장 작성을 미리해 두면 좋습니다. 이렇게 생애주기별로 재테크를 강조하는 책은 많은데, 생애주기별 세테크를 강조하는 책은 찾아보기가 힘듭니다. 제가 이책을 쓴 이유입니다.

저금리 시대, 세금을 절약하는 세테크 (세금+재테크)는 더욱 주목받고 있습니다. 부자들 사이에선 꾸준히 떨어지고 있는 예·적금 금리와달리 세율은 변하지 않기 때문에 '세금을 덜 내는 것이 돈을 버는 것이다'라는 말이 나올 정도입니다.

유소년기에서 청년기, 중·장년기, 은퇴기에 이르는 생애주기를 거치는 동안 각 단계에서 이루고자 하는 목표를 달성했다면 반드시 세금문제가 발생합니다. 따라서 세금에 대한 이해와 의사결정을 현명하게수행하는 세테크 역량이 매우 중요합니다.

||||||||||||||||||||||||||||||||||||||||||||||||||||||||||||||||||||||||||||||||||||

　본 책, 『스무살부터 배우는 절세법』은 총 5장으로 이루어졌으며, 각 생애주기에 속한 사람들이 쉽게 세금을 이해하고 스스로 생활에 활용할 수 있도록 했습니다.

　이 책은 학교를 졸업하고 막 사회생활을 시작한 사회 초년기에 해당하는 사람들부터 읽으면 좋은 책입니다. 이 시기는 생애 재무설계의 첫 단계로 앞으로 살아가면서 경험하게 될 여러 가지 재무과업들을 어떻게 준비할 것인가를 장기적으로 계획해야 할 시기입니다. 사회 초년기부터 은퇴 후 생활까지 직면하게 되는 세금 문제들에 관해 설명하고, 향후 성공적인 세테크를 위한 지식과 정보를 제공해 많은 도움이 될 거라 자신합니다.

2023년 11월

차례

2

신혼 및 자녀 출산기 세테크

3

자녀 학령기 세테크

4

자녀 성년기 및 독립기 세테크

5

은퇴기 세테크

1

사회 초년기
세테크

20대는 대학 졸업 후 적극적인 경제 활동을 시작하는 시기입니다. 결혼을 앞두고 새로운 한 세대를 이루기 위한 준비가 필요한 시기이기도 하죠.

이 시기는 일상생활에서 낭비되는 부분이 없도록 절약하여 저축금액을 최대로 확보하는 것이 중요합니다. 먼저 절약하고 저축해야 합니다. 투자의 기초는 절약이기 때문입니다.

그러므로 종잣돈부터 성실히 모아야 합니다. 종잣돈이 없는 상황에서 돈을 빌려 무모하게 단기로 주식에 투자하거나 짧은 시간에 많은 돈을 벌 수 있는 곳을 찾아다니는 것은 절대 하면 안 됩니다. 투자는 원금손실의 위험이 항상 따르기 때문에 종잣돈부터 만들고 투자 공부를 충분히 한 다음 시작하는 것이 바람직합니다.

단도직입적으로 소득의 절반(50%)을 무조건 저축합시다. 쓰고 남은 돈을 저축하는 게 아닙니다. 먼저 저축부터 하고 남은 돈을 써야 합니다. 그런데 소득 절반을 미래를 위해 저축하지 않고, 취업하자마자 자동차부터 할부로 사고, 멋진 옷과 구두를 사는 것에 열중하다 보면 20대의 돈 관리는 엉망이 되어 버릴 수 있습니다. 특히 자동차는 구매하는 것에서 그치지 않고 끊임없이 자동차세, 자동차보험, 기름값, 수리비 등 많은 유지비용이 발생한다는 사실을 꼭 기억해야 합니다.

그리고 오래 모읍시다. 금융상품에 투자하여 많은 수익을 내려면 무엇보다도 저축 기간이 길어야 합니다.

세알못 많이 저축하는 사람이 더 좋은 혜택이 있는 거 아닌가요?

택스코디 그건 아닙니다. 장기간 저축하는 사람이 더 큰 부자가 됩니다. 다음 사례를 살펴봅시다.

동갑내기인 A 씨와 B 씨가 정기적금(복리 연 이자율 2%)에 가입했습니다. 그런데 A 씨는 20세부터 60세까지 매월 10만 원씩 저축했고, B 씨는 40세부터 60세까지 20년 동안 매월 20만 원씩 저축했다고 가정해 봅시다. 이 경우 두 사람이 저축한 원금은 4,800만 원으로 같지만, 이자는 A 씨가 2,540만 원으로 원금의 약 53% 수익이 발생하는 반면 B 씨는 1,100만 원으로 약 23% 수익만 발생합니다. 따라서 젊었을 때부터 저축하는 것이 좋습니다.

다음으로 목돈마련과 절세, 두 마리 토끼를 동시에 잡읍시다. 우리가 금융회사에 저축해서 이자가 생기면 이자의 15.4%만큼 이자소득세를 내야 합니다. 내가 은행으로부터 100만 원의 이자를 받는다면 이 중 15만4천 원의 이자를 원천징수하고 84만6천 원만 실제 받게 되는 거죠.

다시 말하지만, 20대에는 종잣돈 마련이 중요하며 이를 위해서는 한 푼이라도 더 받는 방법을 찾아봐야 합니다. 따라서 이자소득세를 내지 않은 비과세 상품을 선택하는 것이 중요합니다.

그리고 은행은 한 곳을 정해 집중적으로 이용합시다. 급여를 비롯한 저축, 신용카드 공과금 이체, 외화환전 등의 거래를 하나의 금융회사에 집중해서 이용하면 좋습니다.

주로 사용하는 신용카드 역시 하나를 집중적으로 이용합시다. 최근 카드회사는 카드를 이용한 실적에 따라 여러 가지 혜택을 제공하고 있습니다. 카드회사로부터 대출을 받을 때는 대출 한도가 높으며 대출이자 또한 상대적으로 낮죠. 그리고 신용카드로 할부를 하면 할부수수료도 상대적으로 낮습니다.

그리고 결혼을 위한 목돈마련은 예상되는 혹은 계획하고 있는 결혼 일정을 고려하여 조합예탁금과 같은 비과세 금융상품을 고려하여 정기적금의 형태로 돈을 모으는 것이 바람직합니다.

마지막으로 노후대비와 절세를 위해 개인연금저축을 시작합시다. 수명이 길어지면서 주변을 돌아보면 80세 이상이 된 노인들을 얼마든

지 볼 수 있으며 이제 90~100세까지의 삶을 준비해야 하는 세상이 되었죠. 그래서 가능한 일찍부터 노후대비를 위한 준비를 시작해야 합니다.

근로자라면 개인연금저축과 함께 공무원이나 교원, 군인을 제외한 일반 기업에 종사하는 직장인은 IRP에도 함께 가입하면 노후대비를 합니다. 아울러 개인연금저축과 IRP는 소득세 감면도 받을 수 있어 매우 유용합니다. (이 부분은 제4장에서 구체적으로 언급하겠습니다.)

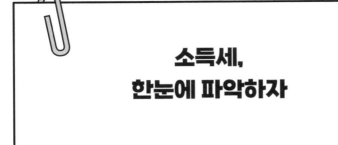

소득세,
한눈에 파악하자

개인이 경제 활동의 대가로 얻은 소득에 대해 내는 세금이 바로 소득세입니다. 우리가 내는 소득세의 종류는 무려 9가지나 됩니다.

세알못 소득세에는 어떤 것들이 있고 어떤 방식으로 세금이 매겨지나요?

택스코디 소득세는 개인을 중심으로 모든 소득을 종합하고, 부양가족 등 인적 사정에 따라 소득을 공제하는 방식의 종합소득세 제도로 운영 중입니다.

이자·배당·사업·근로·연금·기타소득은 종합과세하지만, 퇴직소득과 양도소득은 따로 분류과세합니다. 퇴직·양도소득은 한 해에 꾸준히 벌어들인 소득이 아닌, 오랜 세월 동안 누적된 소득으로 보기 때문입니다. 퇴직하거나, 부동산과 주식을 양도하는 시점에 생긴 소득을 연소득과 함께 과세해 누진세율을 적용했을 때 갑자기 세금 부담이 커질 수 있는 문제를 반영한 거죠.

직장인은 근로소득세를, 사장님은 사업소득세를 냅니다. 먼저 직장인은 매월 원천징수된 세금을 제한 월급을 받습니다. 그렇게 벌어들인 1년간의 소득에 근로소득세를 매깁니다. 그리고 사장님은 연간 총 수입금액에 필요경비를 뺀 금액에 사업소득세를 산출합니다. 직장인이면서 사업소득이 있다면 당연히 그 모든 소득을 다 더해 신고해야 합니다.

수입금액 - 필요경비 = 소득금액

세액을 산출하기 위해 제일 먼저 종합소득금액에서 부양가족 1인당 150만 원을 공제합니다. 직장인은 건강보험료와 주택 자금 등도 특별소득공제로 공제받을 수 있습니다.

소득금액 - 소득공제 = 과세표준

이렇게 나온 과세표준에 구간별 종합소득세율을 적용해 세액을 산출합니다. 소득이 높을수록 누진세율이 적용돼 세율도 같이 높아집니다.

> 과세표준 × 세율 = 산출세액

이 산출세액에서 추가로 세액이 공제됩니다. 직장인은 총급여액별로 근로소득 세액공제를 받고, 해외에 이미 낸 세금이 있다면 외국납부세액공제가 가능합니다. 세액공제까지 거치면 세액이 결정됩니다.

> 산출세액 - 세액공제 = 결정세액

결정세액에서 사업자는 중간에 미리 낸 세금을, 직장인은 원천징수한 세금을 빼고 나면 비로소 내야 할 세액이 정해집니다.

직장인이 연말정산 후 매월 원천징수한 세액(기납부세액)이 정해진 납부세액(결정세액)보다 많게 되면 환급을 받게 됩니다.

금융소득이라 불리는 이자소득과 배당소득은 국내외 예금 이자로 얻은 소득 또는 소유 주식의 연간 배당금에 대한 소득입니다. 예금이나 적금 만기 때 떼는 15.4%의 세금이 바로 이자소득세입니다. (원천징수 14%에 지방세 1.4%를 더한 세율입니다.)

연금소득은 국민연금이나 공무원·군인·사립학교 교직원의 연금, 퇴직 후 연금저축계좌와 퇴직연금계좌에서 연금 형태로 받는 소득으로, 근로소득과 같이 연금액에 따라 연금소득공제를 받을 수 있습니다.

기타소득은 앞서 말한 모든 소득에 포함되지 않은 소득을 말합니다.

대표적으로 상금이나 포상금, 복권 당첨금, 강연료 등이 기타소득에 해당합니다. 2025년 과세가 시작될 가상자산 소득세도 기타소득에 포함됩니다. 기타소득의 원천징수 세율은 20%이지만 복권 당첨금 등으로 3억 원이 넘을 때는 30% 세율이 적용됩니다.

참고로 가상자산 소득세와 함께 2025년 도입 예정인 소득세가 있습니다. 바로 금융투자소득세입니다. 주식·채권·펀드·가상자산 등 금융투자에서 번 돈에 양도소득세를 매기는 것입니다. 이미 주식 양도에도 양도소득세가 부과되고 있지만, 지분 1% 이상을 보유하거나 보유액이 10억 원이 넘는 대주주들에게만 부과되고 있습니다.

금융투자소득세가 시행되면 양도소득이 5,000만 원이 넘을 경우, 수익의 20%(3억 원 초과 25%)를 세금으로 내야 합니다.

효과적인 연말정산을 위한 신용카드 사용법은?

결론부터 말하자면 연말정산 카드 소득공제의 황금비율이 있습니다. 바로 '연봉의 25%는 신용카드, 나머지는 체크카드를 사용하는 것'이 직장인들이 연말정산 시 소득공제를 가장 많이 받는 방법입니다.

신용카드 소득공제는 신용카드, 직불(체크), 선불카드, 현금영수증 사용액, 문화비(도서·공연·박물관·미술관·신문 구독·영화관람), 전통시장, 대중교통 사용액의 일정 비율을 소득에서 공제해 주는 제도입니다. 앞장에서 본 것처럼 소득세는 과세표준에 세율을 곱해 세금을 계산하는 구조입니다. 따라서 소득공제를 받으면 과세표준이 줄어들고, 공제로 소득 구간이 내려가 세율이 낮아지면 절세 효과는 더 커지게 됩니다.

이 제도는 신용카드, 현금영수증, 도서 등 사용액에서 총급여의 25%를 뺀 금액에 공제율을 곱한 만큼 소득을 공제해 줍니다. 예컨대 총급여가 4,000만 원인 직장인이 신용카드 등을 1,200만 원 썼을 경우 1,200만 원에서 1,000만 원(총급여의 25%)을 뺀 200만 원에 대해 공제율을 곱해 공제 규모를 산출합니다. 참고로 신용카드는 공제율이 15%이지만, 체크카드와 선불카드, 현금영수증은 공제율이 그 갑절인 30%입니다. 그래서 연봉의 25%는 신용카드, 나머지는 체크카드를 사용하면 연말정산 시 소득공제를 최대한 받을 수 있습니다.

2023년 7월 1일부터 영화 티켓도 문화비 소득공제 대상에 포함됐습니다. 하지만 직장인 누구나, 모든 영화 관람료에 대해 소득공제가 가능한 것은 아닙니다.

세알못 그럼 누가 어떤 경우에 얼마를 공제받을 수 있나요?

택스코디 영화 티켓 소득공제는 총급여 7,000만 원 이하 직장인 중 신용·체크카드, 현금영수증 등 사용금액이 총급여의 25%를 넘는 사람이 받을 수 있습니다.

조세특례제한법 개정안에 따르면 공제율은 30%입니다. (정부는 영화산업 활성화를 위해 2023년 연말까지 한시적으로 공제율을 10% 포인트 올려 40%로 적용하기로 했습니다.)

연봉이 4,000만 원 직장인이 티켓값 1만5,000원을 카드나 현금영수증으로 결제했다면, 티켓값에서 40%를 공제하고 기본세율을 적용한 900원(15,000원×40%×15%)원이 소득세 감면 금액입니다. 이 직장인이

1년에 10번 영화를 보면 연말정산에서 9,000원을 공제받는 셈입니다. 소득이 더 많은 연봉 6,000만 원 직장인은 더 높은 기본세율이 적용돼 1만5,000원 티켓 한 장당 1,440원(15,000원×40%×24%)원을 공제받을 수 있습니다.

한 사람이 한 번에 10장, 20장을 구매해도 같은 혜택을 받을 수 있습니다. 연봉 4,000만 원 직장인이 티켓 20장을 예매하고 30만 원을 결제한다면 연말정산에서 1만8,000원을 돌려받게 되겠죠. 다만 공제 한도가 있습니다. 영화·도서·공연 등 관람 비용과 종이신문 구독료를 합한 문화비에서 최대 100만 원까지 공제 가능합니다.

만약 가족 혹은 친구 등 여럿이 영화를 보러 가서 소득공제 혜택을 받으려면, 사업자나 전업주부가 아닌 직장인이 티켓을 예매하는 것이 좋습니다. 환급액이 많진 않지만, 직장인들의 세금 부담이 커진 상황에서 전과 똑같이 영화를 즐기고 단 얼마라도 절약할 수 있다면 반가운 일입니다.

참고로 영화 관람료 외에 영화관 내 매점에서 구매한 팝콘이나 음료 비용, 주차 비용은 소득공제를 받을 수 없습니다.

또한 영화 티켓 소득공제는 문화체육관광부에 문화비 소득공제 사업자로 등록된 곳에서 결제했을 때만 가능합니다. 따라서 넷플릭스 같은 OTT에서 결제한 영화 관람료는 소득공제 대상이 아닙니다.

같은 이유로 중고거래를 통해 구매한 티켓이나 온라인에서 할인 가격으로 산 관람권도 공제대상에 포함되지 않죠.

반면 문화비 소득공제 사업자로 등록된 일부 자동차극장과 지역 독립영화관은 소득공제가 가능합니다. 자유로·오송·대전·한국민속촌·함평 자동차극장이나 에무시네마·아트하우스 모모·대구 오오극장 등 지역 독립영화관에서 끊은 티켓도 소득공제 대상입니다.

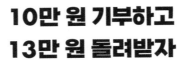

10만 원 기부하고
13만 원 돌려받자

2023년부터 시행하는 '고향사랑기부제도'는 지방자치단체에 기부하면 10만 원까지 전액 세액공제를 받을 수 있고, 기부를 받은 지자체는 기부금액의 30% 상당의 답례품을 기부자에게 선물하는 제도입니다. 기부자는 세액공제와 답례품 모두 받을 수 있고, 지방정부는 기부금을 모집해 지역 재정을 늘릴 수 있어 양쪽 모두에게 좋은 제도입니다.

> **세알못** 고향사랑기부는 어떻게 하는 건가요?
>
> **택스코디** 먼저 '고향사랑e음 홈페이지'에 접속부터 해야 합니다.

인터넷 포털사이트에서 고향사랑기부라고 검색하면 '고향사랑e음'이라는 페이지가 보입니다. 행정안전부에서 운영하는 고향사랑기부 전용 홈페이지입니다. 다음은 회원가입을 할 차례입니다. 이때 입력한 주소와 개인정보로 나중에 답례품을 배송받고, 연말정산 세액공제도 받게 됩니다.

회원가입을 마쳤다면 기부할 지역을 고를 차례입니다. 시도 단위 광역지자체에서부터 시군구 기초지자체까지 원하는 대로 기부지역을 고를 수 있습니다. 이름은 고향사랑기부이지만 반드시 고향일 필요는 없습니다. 다만, 현재 자신이 거주하는 주민등록상 거주지만 아니면, 기부가 가능합니다. 예를 들어 경기도 화성에 거주하는 시민이라면 경기도와 화성시를 제외한 모든 지자체에 기부할 수 있습니다.

여기서 팁 하나! 딱히 어느 지역에 기부해야 할지 망설여진다면 답례품부터 둘러봅시다. 이왕에 내가 원하는 답례품을 주는 지역을 골라 기부한다면 기부도 하고, 원하는 답례품까지 챙길 수 있기 때문입니다. 기부한 지역의 답례품만 받을 수 있습니다.

답례품은 홈페이지에서 둘러보고 고를 수 있습니다. (농·축·수산물 등 전통적인 지역특산품에서부터 지역 상품권, 공연 티켓, 각종 관광서비스 등 총 9,000종의 답례품이 있습니다.)

답례품과 기부지역을 골랐다면 이제 기부를 하면 됩니다. 기부금액은 10만 원을 하는 것이 가장 합리적입니다. 10만 원까지는 전액 세액공제 해주기 때문입니다. 10만 원을 초과하는 기부금은 16.5%만 세액공제 해줍니다.

| 고향사랑 기부금 혜택

기부상한	1인당 연 500만 원
기부 혜택	10만 원까지 전액 세액 공제, 10만 원 초과분은 16.5% 세액공제, 기부금액의 30% 이내 답례품 제공

물론 세액공제와 무관하게 순수히 지자체에 기부하는 것도 가능합니다. 이때에도 연간 최대 500만 원까지만 기부할 수 있습니다. 지자체의 구분 없이 고향사랑기부를 통한 기부금액이 연간 총액으로 500만 원을 넘을 수는 없습니다.

세액공제와는 달리 답례품은 기부금액의 30%를 모두 받습니다. 500만 원을 기부한다면 답례품 150만 원어치를 받을 수 있는 것입니다. 다음 표를 참고합시다.

| 고향사랑 기부 혜택 예시

기부	세액공제	답례품	기부	세액공제	답례품
10만 원	10만 원	3만 원	300만 원	57만 8500원	90만 원
100만 원	24만 8500원	30만 원	400만 원	74만 3500원	120만 원
200만 원	41만 3500원	60만 원	500만 원	90만 8500원	150만 원

기부는 계좌이체 외에 신용카드로도 할 수 있어서 당장 현금이 없더라도 가능합니다. 카드로 하든 현금으로 하든 상관없이 모두 같은 세액공제를 받을 수 있습니다.

참고로 답례품은 '고향사랑e음' 홈페이지 회원가입을 할 때 적은 주소지로 배송받을 수 있습니다. 그리고 내년 1월 연말정산을 할 때, 기부금액인 10만 원을 그대로 세액공제로 돌려받게 됩니다.

　보통 종교단체 기부금이나 정치기부금의 경우 기부금 영수증을 챙기고, 연말정산 서류에 입력이 잘 됐는지 확인해야 합니다. 그러나 고향사랑기부금 세액공제는 기부 정보가 국세청 홈택스에 자동으로 신고되도록 시스템이 연결돼 있으므로 별도의 신청절차 없이도 세액공제를 받을 수 있습니다. 혹시라도 기부영수증을 받고 싶다면 국세청 홈택스에서 발급받을 수 있습니다.

　참고로 세액공제는 낼 세금을 줄여주는 혜택입니다. 이것저것 다른 항목에서 공제받을 것이 많아서 연말정산 때마다 월급에서 떼인 세금을 모조리 돌려받고 있다면, 고향사랑기부가 크게 도움이 되지 않을 수도 있습니다. 하지만 평소 연말정산에서 세금을 토해냈거나, 10만 원 정도의 환급은 더 받을 수 있는 상황이라면 무조건 기부하는 것이 유리합니다. 아마 대부분 직장인은 후자에 속할 겁니다. 작년 연말정산 결과(근로소득원천징수영수증)를 참고하면 확인이 편합니다. 월급에서 이미 매달 떼서 낸 세금(기납부세액)이 연말정산을 통해 실제 내야 할 것으로 계산된 세금(결정세액)보다 많았다면 무조건 환급을 받을 수 있습니다. 또한, 환급이 아니더라도 추징될 세금을 세액공제금액만큼 줄일 수가 있습니다.

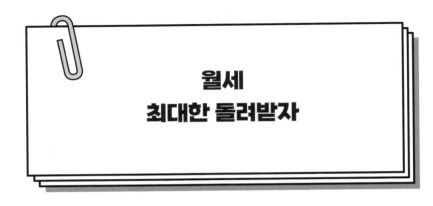

월세
최대한 돌려받자

주거비 부담을 줄이기 위해 지난 2010년 도입된 월세 세액공제, 무주택인 근로자가 월세 세입자로 사는 경우 월세 금액 일부를 세액공제받는 월세 세액공제 제도가 있습니다. 연말정산에서 세금 환급을 받을 수 있는 중요한 공제항목입니다. 총급여 7,000만 원 이하여야 하고, 국민주택규모 주택 또는 기준시가 3억 원 이하인 주택을 임차한 경우만 공제대상이 되는 등 확인해야 할 요건이 있습니다.

연말정산 때 신청하면 소득에 따라 1년 동안 낸 월세의 15%나 17%를 750만 원 한도 내에서 세액공제받을 수 있습니다. 가령 급여액이 3,000만 원인 직장인이 매달 60만 원씩 12개월을 냈다면 122만4천 원(720만 원 × 17%)을 돌려받을 수 있습니다.

세알못 서울에서 2년째 고시원에서 살며 직장 생활을 하고 있습니다. 고시원 월세도 세액공제가 된다고 들었는데, 요건이 기준시가 3억 원 이하 주택이라는데, 고시원은 개별 호실(약 1평, 월세 28만 원) 기준인지, 고시원 건물 전체 기준인가요? 그리고 임대차계약서 대신에 고시원 입주계약서로도 공제 가능한가요?

택스코디 국민주택규모 이하이거나 기준시가 3억 원 이하인 주택이 공제 대상입니다. 고시원의 경우 입주한 계별 호실이 기준입니다. 주택 규모 이외의 다른 요건도 충족한다면 고시원 임대에 관한 계약서(입주계약서) 제출을 통해 공제받을 수 있습니다.

세알못 월세 세액공제 요건 중에 거주자나 거주자의 기본공제대상자가 임대차계약을 체결해야 한다는 요건이 있습니다. 여기서 기본공제 대상자는 나이와 소득요건을 모두 충족해야 하나요?

택스코디 모두 충족해야 합니다. 직계존속의 경우 과세기간 종료일(12월 31일) 현재 만 60세 이상이면서 연간 종합소득금액과 퇴직소득, 양도소득 합계액이 100만 원 이하(근로소득만 있으면 총급여 500만 원 이하)이면 기본공제 대상자에 해당합니다.

형제자매라면 거주자와 생계를 같이하면서 과세기간 종료일 현재 만 20세 이하이거나 만 60세 이상이면서 연간 소득 합계액이 100만 원 이하여야 합니다.

세알못 올해 10월에 직장 생활을 시작한 사회 초년생입니다. 올해 8월부터 내년 8월까지 1년간 임차계약을 하고 매월 월세로 45만 원을 지급하고 있습니다. 이번 연말정산에서는 8월부터 연말까지 낸 월세가 모두 세액공제 대상이 되나요?

택스코디 월세 세액공제는 근로소득이 있는 근로자만 공제를 받을 수 있습니다. 따라서 회사에 입사해서 근로소득자가 된 기간 중 올해 임차일수에 해당하는 월세액(10월~12월분)에 대해서만 공제받을 수 있습니다.

세알못 월세로 거주하고 월세세액공제 요건을 모두 충족하여 지금까지 계속 월세세액공제를 받아왔습니다. 그러다가 2023년 10월에 결혼해서 기존의 월세집에서 9월까지 거주하다가 10월에 신혼집인 전세집으로 이사를 하게 되었습니다. 신혼집 관련 전세계약과 대출은 모두 배우자가 실행했으며, 본인과 배우자 모두 무주택자로 배우자가 2023년 연말정산 때 주택임차차입금 원리금 소득공제를 받을 예정이고, 세대주는 배우자이며 저는 세대원입니다.

9월까지 지출한 월세에 대해서 연말정산 때 월세세액공제를 적용받을 수 있는가요?

택스코디 월세세액공제란 과세기간 종료일 현재 주택을 소유하지 아니한 세대의 세대주(일정 요건의 세대원 및 외국인 포함)로서 총급여액이

7천만 원 이하인 근로소득이 있는 거주자가 월세액을 지급하는 경우 월세액(750만 원 한도)의 15%(17%)에 해당하는 금액을 해당 과세기간의 종합소득산출세액에서 공제하는 것입니다.

여기서 일정 요건의 "세대원"이란 세대주가 월세액 세액공제, 주택마련저축, 주택임차차입금 원리금상환액 및 장기주택저당차입금 이자상환액 공제를 받지 않을 때 세대의 구성원을 의미합니다.

따라서, 과세기간 종료일(2023.12.31.) 현재 세대주가 주택임차차입금 원리금 상환액 소득공제를 받을 예정이므로 일정 요건의 세대원에 해당하지 않아 월세액 세액공제를 적용받을 수 없습니다.

세알못 전용면적이 국민주택규모 이하인 곳에 월세로 살고 있습니다. 월세 세액공제 요건이 국민주택규모 또는 기준시가 3억 원 이하 주택을 임차해야 한다고 하는데요. 사는 집 공시가격을 확인하니 6억 원이 넘습니다. 이 경우도 공제 가능한가요?

택스코디 월세 세액공제의 경우 국민주택규모의 주택이거나 기준시가 3억 원 이하인 주택(둘 중 하나의 요건을 갖추는 경우)이면 적용 가능합니다. 기준시가 3억 원을 초과하더라도 국민주택규모의 주택이라면 공제대상 주택에 해당합니다.

세알못 회사에서 연말정산 할 때 실수로 월세 세액공제 부분을 신고하지 못했습니다. 5월에 종합소득세 신고 때 추가로 반영할 수 있나?

택스코디 연말정산 시 공제받지 못한 것은 근로자가 직접 5월 종합소득세 신고를 통해 공제(환급)받을 수 있습니다. 종합소득세 확정신고 기간이 지난 6월 1일부터는 경정청구나 기한후 신고를 통해 공제 가능합니다.

종합소득세 신고를 할 때는 당초 연말정산 내용을 불러와서 월세 세액공제 대상에 월세액을 써넣고, 신고서를 작성한 후 임대차계약서 사본, 주민등록등본, 월세 계좌이체 내역서 등 증명서류를 첨부하면 됩니다.

청약 상품으로
절세하는 방법이 있을까?

주택을 마련하는 방법은 여러 가지가 있습니다. 가장 좋은 방법은 청약 제도를 활용하는 것입니다. 아파트를 분양받아 집을 마련하고 싶다면 청약통장은 필수상품입니다. 주택청약종합저축은 신규 분양되는 국민주택과 민영주택에 청약이 가능한 통장입니다. 연령, 무주택, 세대주 여부 등에 상관없이 대한민국 국민이면 누구든지 가입할 수 있고, 전 금융회사를 통해 1인 1계좌만 가입 가능합니다.

과거에는 청약저축, 청약예금, 청약부금이 있었는데, 2009년 이를 통합하여 주택청약종합저축을 출시했습니다. 주택청약종합저축은 매월 2만 원에서 50만 원까지 자유롭게 불입할 수 있고, 잔액이 1,500만 원 미만이면 월 50만 원을 초과하여 잔액 1,500만 원까지 일시예치도 가능합니다. 약정이율은 최대 1.8%(2024년부터 2.8% 인상 예정)입니다. 납입 기간은 별도의 만기 없이, 국민주택이나 민영주택 입주자로 선정될 때까지입니다. 중도인출은 불가능하고, 예금 보험공사의 예금자보호 제도에 의하여 보호되지는 않으나, 국민주택기금의 조성 재원으로 정부가 관리합니다.

주택청약종합저축의 장점은 연말정산에서 소득공제를 받을 수 있다는 것입니다. 연간 소득 7천만 원 이하의 근로자이면서 무주택 세대주이면, 당해 연도 주택청약종합저축 납입금액의 40%를 소득공제받을 수 있습니다. 청약이 가능한 주택은 국민주택과 민영주택으로 구분합니다. 국민주택은 국가, 지방자치단체, 대한주택공사, 지방공사가 건설하는 전용면적 85㎡ 이하 주택입니다. 민영주택은 국민주택을 제외한 주택으로 주거 전용 면적에 따라 청약예치 기준금액이 달라집니다.

세알못 세법이 개정되어 2024년부터는 청약 관련해서 바뀌는 게 있다고 하는데 무엇인가요?

택스코디 무주택 직장인의 내 집 마련을 위한 주택청약종합저축의 소득공제 한도가 늘어납니다. 총급여액 7,000만 원 이하 직장인은 주택청약 저축 납입액의 40%를 연 240만 원 한도로 근로소득 금액에서 공제받았습니다. 매월 20만 원씩 청약저축을 했다면 연간 납부액 240만 원의 40%인 96만 원이 공제됐습니다.

2024년부터는 최대 연 300만 원까지 공제 가능합니다. 매월

25만 원씩 1년간 저축해 300만 원을 납부했다면, 300만 원의 40%인 120만 원을 공제받게 되는 거죠.

참고로 청약통장의 재테크 기능도 강화됐습니다. 청약 당첨은 고사하고, 시중금리와 비교해 지나치게 낮다 보니 청약통장을 유지할 명분이 더 없다는 고민을 반영해 청약저축 금리는 2.8%로 인상되고, 주택담보대출을 받을 때도 청약통장 장기 보유자에게 혜택이 생깁니다. 청약통장 보유 기간이 5년 이상이면 0.3%포인트, 10년 이상이면 0.4%포인트, 15년 이상이면 1.5%포인트의 우대금리를 받을 수 있습니다. (현재는 3년 이상 보유 시 최대 0.2%포인트 우대금리가 적용됩니다.)

세알못 또 바뀐 건 무엇인가요?

택스코디 고액기부에 대해 세제 지원을 확대해 기부를 장려하겠다는 취지로 기부금에 대한 세제 지원도 강화됐습니다. 종전에는 개인이 기부금 단체에 기부할 때 1,000만 원 이하는 15%, 1,000만 원 초과분에는 30%의 세액공제가 적용됐는데 3,000만 원 초과 기부금에 대해 2024년까지 40%의 공제율을 적용합니다. 따라서 1억 원을 기부할 때 종전에는 2,850만 원을 공제받았는데, 세법 개정으로 3,550만 원을 공제받을 수 있게 됩니다.

직장인, 건강보험료도 연말정산 한다?

세알못 회사 경영지원실로부터 공지 메시지를 받았습니다. 건강보험료를 연말정산 해서 추가되는 보험료는 이번 달 급여에서 더 떼어갈 수 있으니 참고하라는 공지였습니다.

택스코디 실제로 세알못 씨뿐만 아니라 모든 국민건강보험 직장 가입자는 매년 4월에 보험료 연말정산을 합니다. 연초에 하는 근로소득세 연말정산과는 다른 건강보험료 연말정산입니다. 정산된 추가납부액이나 환급액은 4월이나 5월 월급에 반영됩니다.

추가납부액이 발생하면 월급에서 떼가기 때문에 실제 수령하게 되는 이번 달 월급은 크게 줄어듭니다. 매달 빠져나가는 돈이 일정한데 급여가 확 줄어드니 직장인으로서는 타격이 클 수밖에 없습니다.

사실 건강보험료가 오른 이유는 단순합니다. 지난해 소득이 전년 대비 더 많았기 때문입니다. 직장 가입자의 건강보험료는 전년도 소득을 기준으로 산출해서 매월 월급에서 떼 갑니다. 그리고 다음 해 4월이 되면 실제 소득을 반영해서 더 떼갔는지 덜 떼갔는지를 따지는 연말정산을 합니다.

2022년 소득을 기준으로 계산한 건강보험료를 2023년 월급에서 매달 떼가고, 2024년 4월에는 실제 2023년 소득을 기준으로 2023년의 건강보험료를 다시 정산하는 방식입니다.

하지만 급여가 인상되지 않는 직장인도 건강보험료 부담은 매년 증가합니다. 연봉이 인상되지 않고 동결됐더라도 마찬가지입니다. 건강보험료를 계산하는 건강보험료율이 해마다 오르고 있기 때문입니다. 최근 10년간 건강보험료율 변화를 보면 2017년을 제외하고는 해마다 조금씩 인상되고 있습니다.

직장 가입자의 건강보험료는 월급에 해당하는 보수월액에 이 보험료율을 곱해 산출하기 때문에 보수월액이 늘지 않더라도 보험료율 인상에 따라 보험료는 늘 수밖에 없습니다. 따라서 소득도 늘고 보험료율도 오르면 체감되는 건강보험료 인상 폭은 더 커집니다.

같은 월급에서 떼는 소득세의 세율의 경우 일부 고소득구간을 제외하고는 20년 넘게 변화가 없습니다. 세율과 건강보험료율만 비교하더라도 건강보험료는 충분히 세금보다 두려운 존재라 할 수 있는 셈입니다.

더구나 직장인의 경우 건강보험료 부담을 더는 방법이 매우 제한적입니다. 보수월액, 즉 월급이 줄어야 건강보험료도 줄어들겠지만, 보수월액에서 제외될 수 있는 소득은 식대와 같은 비과세소득뿐입니다.

급여명세서상의 식대와 숙직비, 여비교통비, 벽지 수당 등이 비과세소득인데, 법에서 정하고 있으므로 자의적으로 비중을 늘릴 수도 없습니다.

따라서 연말정산에서 건강보험료를 환급받았다면 결코 기쁜 일이 아닙니다. 전년도보다 소득이 줄었다는 말이기 때문입니다. 연봉이 삭감됐거나 전년도에 받았던 인센티브만큼 보상을 받지 못한 경우가 해당합니다. 물가상승에 따른 급여인상이나 인센티브까지 생각한다면 건강보험료 환급은 오히려 슬픈 일에 가깝습니다.

2

신혼 및 자녀 출산기
세테크

결혼하고 자녀를 낳는 등 많은 변화가 일어나는 시기가 30대입니다. 이 시기는 경제적으로 아직 소득보다 지출이 적어서 자녀교육과 주택 마련을 위한 자금 축적을 위해 계속 저축할 수 있습니다. 20대에 가입한 금융상품을 계속 유지하며 다음 사항을 더불어 고려해야 합니다.

결혼으로 인한 부채가 있으면 먼저 갚습니다. 돈 관리의 팁 중 가장 중요한 것은 저축에 앞서 부채를 1순위로 갚는 것입니다. 은행으로부터 대출을 받고 지급하는 대출이자는 저축 이자보다 매우 비싸므로 저축할 여유가 있으면 대출금을 조금씩이라도 먼저 갚는 것이 바람직합니다.

또 전세 혹은 월세 보증금 상승에 대비해야 합니다. 계약 기간을 고려하여 계약이 끝나는 시기에 맞추어 보증금 상승에 대비한 저축을 해야 하는 거죠. 그렇지 않으면 지금 사는 집보다 주거조건이 좋지 않은 곳으로 계속 이사를 하게 될 수 있습니다.

그리고 전세 혹은 월세 보증금을 잃지 않도록 유의합니다. 그래서 전입신고와 확정일자를 받아두는 거죠. 전입신고는 인터넷으로도 가능하지만, 확정일자를 받기 위해서는 임대차계약서 원본과 신분증을 가지고 이사하는 곳의 주민센터를 방문해야 합니다. 전입신고와 확정일자를 받으면 집이 경매로 넘어가도 보증금을 돌려받게 되는 가능성이 매우 커지게 됩니다.

아울러 대한주택보증의 전세보증금반환보증을 고려합시다. 임대차계약이 종료된 뒤 한 달 이내에 보증금을 받지 못하거나 집이 경매로 넘어가 보증금을 받지 못하는 경우 대한주택보증이 보증금을 대신 돌려주는 것이기 때문에 세입자의 보증금을 안전하게 지킬 수 있습니다.

첫 자녀가 초등학교 입학 전까지 주택 구입을 계획해 봅시다. 주택 구입은 목돈이 필요하므로 장기간의 계획이 필요합니다. 신혼 초기에는 월세 혹은 전세로 거주 문제를 해결하지만, 점차 경제적으로 안정이 되고 어느 정도 목돈이 마련되면 주택 구입을 적극적으로 고려해 봅시다.

주택 구입 계획은 첫 자녀가 초등학교 입학 전까지 하되 적어도 첫 자녀가 중학교 입학하기 전까지 주택을 구입해야 합니다. 주택 구입이 늦어지면 자녀교육비 마련을 위한 그다음 준비에 영향을 미치기 때문입니다.

자녀교육비 준비도 미리 시작합시다. 자녀를 양육한다는 것은 매우 큰 비용이 요구되는 일입니다. 특히 대학교육비는 많이 필요해서 미리 준비하지 않으면 노후대비가 힘들어지는 것은 물론 자칫 빚을 질 수도 있습니다. 보험사의 교육보험 상품을 이용해서 자녀교육비를 준비하거나, 비과세 저축상품을 이용하여 목돈을 마련하되, 첫 자녀가 대학 입학하기 전까지 모든 자녀의 대학교육비를 준비하도록 합시다.

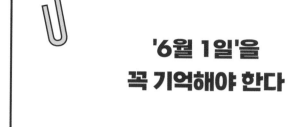

'6월 1일'을
꼭 기억해야 한다

혹시 5·6월에 부동산 거래가 예정돼 있다면, '6월 1일'을 반드시 기억해야 합니다. 이날을 기준으로 부동산을 사는 사람과 파는 사람 중 누가 재산세를 부담할지 결정되기 때문입니다.

5월이 끝나갈 즈음에 집을 사게 됐다면 6월 1일이 지난 후에 잔금을 지급해야 재산세를 안 냅니다. 구청은 6월 1일 당시에 누가 집주인인지를 확인하고 재산세를 부과하기 때문이죠.

토지·건축물·주택 등의 소유자에게 부과하는 세금이 바로 재산세입니다. 지방세법에서는 '과세 기준일(6월 1일) 현재 사실상 재산을 소유하고 있는 자'를 재산세 납세자로 정의하고 있습니다. 따라서 집을 사는 사람(매수인)은 6월 2일에 소유권을 넘겨받아야 재산세를 부담하지 않습니다. 즉, 매수인이 6월 1일을 넘긴 시점에 재산을 취득한 경우에는 이전 소유자가 당해 재산세를 냅니다.

반면 집을 파는 사람(매도인)은 6월 1일까지 소유권 이전을 마쳐야 세금을 내지 않겠죠. 재산 취득 시기는 잔금 지급일·등기 접수일 중 빠른 날로 정합니다.

만일 매수인이 5월 31일이나 6월 1일에 계약 잔금을 지급하거나 소유권이전등기를 접수했다면, 주택 소유자가 6월 1일에 바뀐 상태이므로 전 집주인은 재산세를 낼 필요가 없는 거죠.

여기서 중요한 것은 재산세 납세자는 계약일이 아니라 잔금 지급일이나 등기 접수일에 따라 결정된다는 점입니다. 간단히 예를 들어봅시다.

매수인 A 씨와 매도인 B 씨가 6월 1일에 아파트 매매계약을 체결하고 A 씨는 계약금을 지급했습니다. 매매 계약서에는 A 씨가 6월 7일에 잔금을 지급하고 소유권이전등기를 마친다고 명시했죠. 이 경우에 그해 재산세는 누가 낼까요.

B 씨는 6월 1일에 계약금까지 받았으니 사실상 소유권이 넘어갔기 때문에 A 씨가 재산세를 내야 한다고 생각할 수 있습니다. 하지만 잔금 지급일인 6월 7일에 소유권이 이전돼 6월 1일 당시 아파트 소유자는 B 씨이므로 재산세 납세의무는 B 씨에게 있습니다.

5월과 6월에 부동산 계약을 앞두고 있다면 6월 1일 재산세 과세 기준일을 염두에 둬야 후회하는 일이 없겠죠. 단 하루 차이로 몇십만 원, 몇백만 원의 세금이 집을 사는 계약자에게 매겨질 수도, 파는 집주인에게 부과될 수도 있기 때문입니다.

세알못 　과세기준일 현재 사실상의 소유자를 확인할 수 없을 때는요?

택스코디 　다음처럼 일정 요건을 갖춘 자를 납세의무자로 의제합니다.

1. 공부상의 소유자

공부상의 소유자가 매매 등의 사유로 소유권에 변동이 있었음에도 이를 신고하지 않아 사실상의 소유자를 알 수 없는 때는 공부상의 소유자를 납세의무자로 봅니다.

2. 상속재산에 대한 주된 상속자

상속이 개시된 재산으로서 상속등기가 이행되지 않아 사실상의 소유자를 신고하지 않았을 때는 행정안전부령이 정하는 주된 상속자를 납세의무자로 봅니다.

세알못 　주된 상속자란 누굴 말하나요?

택스코디 　민법 상 상속지분이 가장 높은 사람으로 합니다. 상속지분이 가장 높은 사람이 두 명 이상이면 그 중 나이가 가장 많은 사람입니다.

3. 미신고 종중재산의 경우 공부상 소유자

공부상에 개인 등의 명의로 등재되어 있는 사실상의 종중재산으로서 종중소유임을 신고하지 않은 때는 공부상의 소유자를 납세의무자로 봅니다.

한편, 과세기준일 현재 소유권의 귀속이 분명하지 않아 사실상의 소유자를 확인할 수 없는 경우에는 그 주택의 사용자가 재산세를 납부할 의무가 있습니다.

4. 신탁재산의 위탁자

수탁자의 명의로 등기 또는 등록된 신탁재산의 경우에는 위탁자가 신탁재산을 소유한 것으로 봅니다. 2021년 1월 1일 지방세법 개정으로 신탁재산의 납세의무가 수탁자에서 위탁자로 변경되었습니다.

5. 파산재단의 공부상 소유자

파산선고 이후 파산종결의 결정까지 파산재단에 속하는 재산은 공부상 소유자를 납세의무자로 봅니다.

'영끌'한 대출이자,
세금을 줄일 수 있다

장기주택저당차입금 이자 상환액 소득공제는 장기 대출을 받아 집을 산 사람의 이자 상환액의 일부를 연말정산에서 소득공제하는 제도입니다. 장기 주택담보대출을 받은 1주택자 직장인들의 이자 상환액 공제 한도가 2024년 1월부터 상향됩니다. 장기 주택저당 차입금은 이자가 많은 게 일반적인데, 개정안에 따르면 2,000만 원까지 소득공제를 받을 수 있게 됩니다.

세알못 장기주택저당차입금 이자 상환액 소득공제는 직장인이면 누구나 가능한 건가요?

택스코디 소득공제를 받으려면 1가구 무주택 또는 1주택만 소유해야 하며, 소유주가 대출을 받았을 때만 받을 수 있습니다. 소유권 이전 등기일로부터 3개월 내 받은 대출만 해당합니다. 기본적으로는 세대주만 공제대상이 됩니다. 최대 금액을 공제받으려면 15년 이상의 대출로 고정금리여야 하고, 원금 상환 없이 이자만 내는 거치 기간이 없어야 합니다.

대출 상환 기간이 15년 이상일 때, 고정금리로 비거치식 분할상환하는 직장인은 공제 한도가 1,800만 원에서 2,000만 원으로 늘어납니다.

만약 같은 상환 기간에 고정금리 또는 비거치식 분할상환 중 하나의 요건을 충족한다면, 공제 한도는 1,500만 원에서 1,800만 원으로 300만 원 오릅니다. 기타대출의 경우 공제 한도가 기존 500만 원에서 800만 원으로 확대됩니다.

그리고 상환 기간이 10년 이상일 때 고정금리 또는 비거치식 분할상환하는 직장인은 최대 500만 원까지 공제 가능합니다. 소득공제 대상 주택 가격 기준도 기준시가 5억 원에서 6억 원으로 오릅니다. 다만, 오른 가격 기준은 2024년 1월 이후 취득한 주택부터 적용됩니다.

┃ 장기주택저당차입금 이자 상환액 소득공제 한도 변화

구분		종전	개정
상환 기간 15년 이상	고정금리 + 비거치식	1,800만 원	2,000만 원
	고정금리 또는 비거치식	1,500만 원	1,800만 원
	기타	500만 원	800만 원
상환기간 10년 이상	고정금리 또는 비거치식	300만 원	600만 원

개정된 세법에는 자녀를 낳고 키우는 직장인에게 유리하게 적용될 항목들이 담겼습니다. 먼저 자녀장려금 대상자가 늘어날 전망입니다. 2024년부터는 부부합산 7,000만 원 미만 가구도 자녀장려금을 받게 됩니다. 자녀 1인당 최대 지급액 또한 100만 원까지로 인상됩니다.

그리고 2024년부터는 출산·보육수당도 월 20만 원까지 비과세해 신혼부부 등의 세금 부담이 줄 것입니다.

산후조리비 세액공제 대상도 늘어납니다. 총급여 7,000만 원 이하 직장인은 200만 원 한도 내에서 산후조리비 세액공제가 가능했습니다. 2024년부터는 소득수준과 상관없이 모든 직장인이 공제받을 수 있습니다.

그리고 6세 이하 영유아는 뜻하지 않게 병원 갈 일이 많죠. 2024년부터 부양가족 중 영유아 자녀의 의료비는 한도 없이 세액공제가 가능합니다.

┃ 직장인이 알아야 할 세법개정안

항목	종전	개정	적용 시기
장기주택저당차입금 이자상환액 소득공제	공제 한도 300만~1,800만 원 주택 기준시가 5억 원	공제 한도 600만~2,000만 원 주택기준시가 6억원	2024년 1월부터 적용
주택청약 소득공제	납입 한도 240만 원	납 입한도 300만 원	
자녀장려금 대상·지급액 확대	소득요건 4,000만 원 자녀 1인당 80만 원	소득요건 7,000만 원 자녀 1인당 100만 원	
출산·보육수당 비과세 한도	한도 10만 원	한도 20만 원	
산후조리비 세액공제 요건	총급여 7,000만 원 이하 근로자	모든 근로자	
영유아 의료비 세액공제 한도	본인·65세이상·장애인 공제 한도 없음	6세 이하 공제 한도 면제 추가	

혼인 신고해야 하나?
말아야 하나?

결혼 페널티, 결혼하면 주거 지원에서 혜택이 더 줄어드는 역설적인 상황을 일컫는 말입니다. 젊은 세대가 결혼을 망설이는 이유는 높은 집값에, 청약이나 대출 등에서 오히려 불리한 면이 있기 때문입니다. 내 집마련이 어려워지면서 결혼식을 올려도 정작 혼인 신고는 하지 않는 사례도 늘고 있습니다. 특히 청약과 대출 등에서 유리한 점과 불리한 점을 따져 그렇게 결정하는 것입니다.

지금까지는 맞벌이 가정이라면 청약과 대출에서 불리했던 것이 사실입니다. 신혼부부 특별공급 신청자격은 맞벌이 가정의 경우 부부합산 소득이 전년도 도시근로자 가구당 월평균 소득의 160% 이하입니다. 2023년 적용되는 기준은 1,041만 원(3인 가족 기준)입니다. 대기업에 다니는 맞벌이 부부라면 이를 넘어설 가능성이 크죠. 또 혼인 신고 후에는 부부가 한 세대로 합쳐지기 때문에 주택 청약 기회도 1회로 줄어듭니다. 혼인 신고를 하지 않는다면 부부가 각각 한 번씩 청약 신청을 할 수 있으니 기회가 2번 있는 셈이죠.

각종 정책 대출에서도 부부 소득을 합산하면 기준을 맞추기 어렵습니다. 많은 정책 대출은 개인 소득과 신혼부부의 합산소득에 큰 차이를 두지 않고 있습니다. 우선 '내집 마련 디딤돌 대출'은 6,000만 원 이하의 개인 혹은 합산소득이 7,000만 원 이하인 부부가 신청 가능합니다. 버팀목 전세 대출도 소득 기준이 개인과 부부 관계없이 모두 5,000만 원이죠.

세알못 그럼 소득 기준을 넘지 않는 신혼부부라면 '결혼 페널티'가 없는 것 아닌가요?

택스코디 소득 기준을 넘지 않더라도 '생애 최초'라는 기준이 세대원 전체에 적용된다는 점을 유념해야 합니다. 생애최초 주택 매입일 경우 저리로 주택 자금 대출을 받거나, 취득세를 감면받는 등 혜택이 있습니다. 그런데 혼인 신고 뒤에는 생애 최초 혜택도 부부합산 1번만 적용받을 수 있죠. 혼인 신고를 하지 않았다면 남편과 아내 각각 한 번씩 총 두 번 혜택을 받을 수 있지만, 결혼 후에는 한 번으로 줄어듭니다.

세알못 그럼 신혼부부라서 유리한 부분은 없나요?

택스코디 맞벌이 부부의 경우 주택담보대출 시 총부채원리금상환비율

(DSR) 40% 초과 금지 규제 때문에 부부합산 총소득을 활용하는 때도 있습니다. 연간 원리금 상환액이 총소득의 40%를 넘지 못하게 했기 때문에 맞벌이 부부라면 둘의 연 소득을 합산해 더 많은 금액을 대출받을 수 있습니다.

출산 계획이 있는 부부라면 유리한 제도도 있습니다. 2024년 3월부터 아이를 낳은 가구를 대상으로 공공분양주택 특별공급이 신설됩니다. 도시근로자 월평균 소득의 150%(3인 가구 이하 976만 원)인 경우 신청 가능한데, 혼인 여부와는 관계가 없으므로 혼인 신고를 반드시 해야 하는 것은 아닙니다.

또 2024년부터 '신생아 특례대출'이 시행돼 출산 가구는 연 1~3%대 금리로 최대 5억 원까지 주택 구입·임대 자금을 대출받을 수 있습니다. 신생아 출산 부부는 합산 연 소득 1억3,000만 원까지 신청 가능합니다.

또 청약제도도 최근 부부에게 불리하지 않도록 손질되고 있습니다. 정부는 배우자의 청약통장 보유 기간의 절반을 합산해 최대 3점까지 가산할 수 있도록 2023년 안에 청약제도를 바꿀 예정입니다. 또 같은 아파트에 대해서도 부부가 각각 청약에 지원하는 방안도 시행한다고 합니다.

│ 부부가 주택 매입·청약 때 유리한 점과 불리한 점

유리한 점	총부채원리금상환비율(DSR)에서 부부합산 소득 활용
	출산 시 신생아 특별공급
	출산 시 신생아 특례대출 (연 1~3% 금리로 최대 5억 원)
불리한 점	맞벌이인 경우 신혼부부 특별공급의 소득 기준을 넘을 수 있음
	각종 정책 대출 소득 기준이 1인 가구와 큰 차이 없음
	취득세 감면 등 생애 최초 혜택은 부부합산 1회만 적용

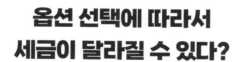

옵션 선택에 따라서
세금이 달라질 수 있다?

세알못 청약에 당첨된 다음, '옵션 선택에 따라서 세금이 차이가 난다'라는 말을 들었는데, 무슨 말인가요?

택스코디 주택을 취득하면 취득세를 내야 합니다. 이미 지어진 집을 사게 되면 그 매입 가격을 기준으로 해서 취득세를 냅니다. 그런데 세알못 씨처럼 분양 같은 경우에는 이 매입 가격을 조금 조정할 수 있습니다. 바로 옵션비입니다.

전문적인 표현으로 '사실상의 취득가격'이라고 합니다. 이 사실상의 취득가격은 취득 시기 이전에 그 해당 물건을 취득하기 위해 거래 상대방이나 제3자에게 지급했던 일체의 비용을 다 말합니다. 참고로 분양 같은 경우에는 취득 시기가 잔금을 지급한 날입니다. 그 잔금을 치른 날을 '주택을 취득했다'라고 보는 것입니다. 그런데 그 주택 잔금을 치르기 전에 지급한 돈에 이 옵션에 대한 비용까지 다 포함이 되어있으므로, 옵션 비용까지 다 포함해서 취득세 과세표준이 된다고 생각하면 됩니다.

A 아파트(1주택자)

분양가	8억 8,000만 원
추가로 선택해야 할 옵션	발코니 확장 562만 원, 시스템 에어컨 698만 원, 주방 인테리어 819만 원

위처럼 가정하고 어떤 옵션을 선택하는가에 따라서 나중에 세금이 어떻게 달라지는지 살펴봅시다.

발코니 확장만 하는 경우와 발코니 확장과 시스템 에어컨 또 다른 고급화 옵션 모두 할 때 어떤 차이가 있는지 한번 살펴봅시다.

1주택자를 기준으로 살펴보면 발코니 확장만 선택했을 때, 취득가액은 8억8,562만 원입니다. 이때 취득세는 대략 2,800만 원 정도가 나옵니다.

그런데 확장이랑 시스템 에어컨 고급화 옵션을 다 선택을 했다면 분양가의 옵션 비용을 더한 취득가액이 9억 79만 원이고, 세율 구간도 9억 원을 넘어서 (취득세율은) 3%로 바뀝니다. 따라서 취득세는 2,970만 원 정도로 인상됩니다.

	발코니 확장만 선택	모든 옵션 선택
취득가액(분양가+옵션비용)	8억 8,562만 원	9억 79만 원
취득세	2,800만 원	2,970만 원

세알못 그런데 취득세를 좀 더 내더라도 취득가액이 1,500만 원 높아지면 나중에 집을 팔 때 양도차액이 줄어드니, 높이는 게 좋은 거 아닌가요?

택스코디 상황에 따라 맞을 수가 있고, 틀릴 수도 있습니다. 양도차액은 줄어들지만, 1주택자의 경우에는 1세대 1주택 비과세 대상입니다. 즉, 양도가액이 12억 이하이면 세금이 하나도 발생하지 않습니다. 이 경우에는 취득가액이 1억이든 5억이든 10억이든 관계없이 세금이 안 나오는 것입니다.

정리하면 A 아파트가 나중에 신축주택이 되었을 때, 12억 이하로 팔릴 것 같다면 굳이 취득세를 더 내면서 옵션을 무리해서 할 필요는 없을 것 같습니다.

그런데 나중에 파는 가격이 12억이 넘는다면 전부를 다 비과세 적용받을 수는 없습니다. 이런 경우에는 취득가액을 올려놓는 게 의미가 있습니다. 특히 1세대 1주택자 비과세를 받는다고 하더라도 12억 원이 넘고 'A 아파트에 오래 살지 않고 3~4년 안에 팔 것 같다'라고 생각하면 취득가액을 올려놓는 게 양도소득세 절세에 도움이 될 수 있습니다.

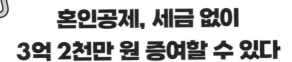

혼인공제, 세금 없이 3억 2천만 원 증여할 수 있다

혼인 전후 4년 이내에 부모로부터 증여받은 재산에 대해선 최대 1억 원까지 공제를 더 받을 수 있게 됐습니다. 혼인 전후로 전세보증금, 주택 구입 자금 등을 부모에게서 지원받는 현실적 여건을 반영해서 혼인을 장려하는 취지로 2023년 개정된 세법을 보면 2024년 1월부터 혼인 신고 전후 각 2년, 총 4년 이내에 부모로부터 증여받은 재산에 대해 1억 원이 추가로 공제 가능합니다. 즉 혼인 신고 전후 총 4년 안에 이뤄진 증여분 가운데 1억 원까지는 별도의 증여세가 부과되지 않는다는 뜻입니다.

세알못 그럼 2023년 결혼한 경우는 어떻게 되나요?

택스코디 결혼 전후 총 4년이라는 기간이 설정되면서 2023년 결혼하는 신혼부부들 역시 결혼자금 증여세 공제 확대 혜택을 받을 수 있습니다.

2023년 현재는 부모가 자녀에게 증여할 경우 일반적인 증여세 규정에 따라 5,000만 원까지만 세금을 공제하고 있습니다. 이에 따라 신랑과 신부가 각자 부모님으로부터 1억5,000만 원씩 결혼자금을 증여받는 경우, 각자 970만 원씩 총 1,940만 원의 증여세를 내야 합니다. 증여받은 1억5,000만 원 가운데 기본공제 5,000만 원을 제한 과세표준 1억 원에, 세율 10%를 곱한 뒤 자진신고에 따른 신고세액공제(3%)를 적용한 금액입니다.

- 1억 5천만 원 - 5천만 원(증여공제) = 1억 원(과세표준)
- 1억 원 × 10%(증여세율) = 1천만 원
- 1천만 원 - 30만 원(신고세액공제 3%) = 970만 원

그러나 2024년부터는 혼인공제 1억 원이 추가 적용되면 총 1억 5,000만 원까지 공제받게 되어 증여세로 내야 하는 금액이 없어집니다.

공제를 적용받는 증여 대상 재산에 특별한 용도 제한도 두지 않습니다. 결혼자금 유형, 결혼 비용 사용 방식이 다양하고 복잡하므로 용도를 일일이 규정할 경우 현실의 다양한 사례를 포섭할 수 없기 때문입니다. 증여재산으로 전·월세를 살 수도 있지만, 이미 청약을 했을 수도

있고 부모님 집에서 살 수도 있습니다. 그런데 증여재산의 용도를 제한해두면, 공제 취지인 혼인 장려를 위한 편의성 증대와는 맞지 않게 됩니다. 총 4년이라는 다소 긴 기간을 설정한 이유도 납세자 혜택을 강화하기 위한 차원입니다.

세알못 부모님 두 분 다 합쳐서 1억 원인 거죠? 어머니 1억 원, 아버지 1억 원 이렇게 따로 받는 건 아닌 거죠?

택스코디 현행 증여재산공제 규정에서는 어머니와 아버지는 하나의 증여자로 보고, 부모님 모두 합산한 금액으로 증여금액을 보게 됩니다. 직계존속인 어머니와 아버지, 그리고 할머니와 할아버지로부터 받은 금액을 모두 합쳐서 증여세를 계산하게 됩니다.

세알못 이런 방법도 가능할까요? 할머니와 할아버지로부터 1억 원을 먼저 받고 나서, 나머지 1억 원은 부모님에게 증여받는 플랜이 좋지 않나요.

택스코디 맞습니다. 할머니와 할아버지로부터 받을 때는 혼인증여재산 공제로 먼저 받고, 부모님으로부터는 낮은 증여세율로 공제받아서 조부모 할증을 피하는 방법이 훨씬 유리하죠. 증여의 순서만 다르게 하더라도 절세 효과를 볼 수 있습니다.

세알못 며느리나 사위한테 증여해줘도 1,000만 원까지 증여재산공제

됩니다. 이걸 활용하면 절세가 더 될까요?

택스코디 장인과 장모님, 시아버지와 시어머니는 직계존속이 아니라 기타 친인척이니 증여재산 1,000만 원까지 추가로 공제 가능합니다. 부모님으로부터 1억5,000만 원을 혼인자금공제로 활용하고, 장인으로부터 1,000만 원을 추가로 받으면 1억6,000만 원을 세금 없이 증여받을 수 있게 됩니다. 이런 방식으로 부부가 세금 없이 받을 수 있는 금액은 총 3억2,000만 원이 되는 겁니다.

세알못 재혼도 혼인공제를 받을 수 있나요?

택스코디 재혼도 마찬가지로 공제를 받을 수 있습니다. 이번에 추가된 혼인 증여재산 공제에 횟수 제한이 없기 때문입니다. 처음 혼인 신고를 하고 1억5,000만 원 증여받았다가, 2년 안에 이혼하고 다른 사람과 재혼하는 때에도 다시 1억 원을 증여받을 수 있습니다. 다만 이 경우 10년간 누적액을 따지는 5,000만 원은 추가로 비과세 증여를 받지 못합니다.

세알못 혼인 신고 전 증여 받았다가 결혼이 깨지면 어떻게 되나요?

택스코디 예비 배우자가 사망하거나 파혼 등 이유로 결혼이 깨진 날이 속한 달 말일로부터 석 달 안에 증여받은 재산을 부모에게 돌려주면 처음부터 증여가 없던 것으로 보고 세금을 물지 않습니다.

세알못 법안이 통과되면 시행시기가 2024년 1월 1일 이후 증여받는 분부터 적용된다고 들었습니다. 이미 1억 원 넘게 증여받은 분들은 혼인증여공제를 받을 수 없겠네요?

택스코디 맞습니다. 2023년 증여받은 분은 5,000만 원까지만 공제되고, 혼인증여공제가 적용되지 않습니다. 그런데, 2023년에 결혼을 했더라도 아직 증여받지 않은 분은 2024년 1월 1일 이후에 증여하면 혼인증여 공제가 가능합니다. 혼인 전 2년과 혼인 후 2년이라는 기간이 있습니다. 따라서 2023년 결혼을 했거나 앞으로 결혼할 계획이 있는 분이라면 연말까지 혼인자금을 증여받지 말고, 2024년 1월 1일 이후에 증여받는 것이 좋습니다.

세알못 결혼하기로 하고 미리 증여받았다가 사정이 생겨서 결혼하지 못하는 경우는 수정신고가 필요할까요?

택스코디 2024년에 결혼하기 전에 혼인자금 증여재산공제를 받고 나서 결혼을 하지 않은 경우, 시행령에서는 정당한 사유를 규정해놓고 증여일 후 3개월 내 반환하면 처음부터 증여가 없는 것으로 봐줍니다. 갑작스런 사망과 같은 것이 정당한 사유가 될 수 있겠죠.

참고로 정당한 사유가 성립되지 않는 상태에서 증여받은 후 2년 내 혼인 신고도 하지 않으면, 혼인증여공제가 취소되어 증여세를 내야 하고 이자 상당액까지 더 부담할 수 있습니다. 정당한 사유와 이혼 등의 사후규정은 개정될 시행령을 주목해봐야 합니다.

세알못   증여추정 의제에 해당하면 혼인증여공제를 제외한다는 규정이
있다고 들었습니다. 어떤 의미인가요?

택스코디   간단하게 생각하면 결혼을 목적으로 금전을 직접 증여할 때에만
적용하는 겁니다. 현행 상속세 및 증여세법에서는 여러 가지 증
여로 추정, 실제로 직접 돈을 주는 것은 아니지만 증여받은 것과
같은 효과에 대해서 증여로 추정하는 규정이 있습니다.

예를 들면 시가 10억 원의 부동산을 자녀에게 7억 원에 팔았습니다.
사실상 3억 원을 증여한 것과 똑같죠. 부모와 자식 간에 시가보다 낮거
나 높게 거래하면서 발생하는 등의 여러 증여추정 규정들에 해당하면
혼인증여공제를 적용하지 않는다는 겁니다. 직접적인 결혼 주택 자금
이나 전세보증금 등의 경우에 적용한다고 보면 됩니다.

3

자녀 학령기
세테크

자녀가 초등학교에 입학한 후 독립하기 전까지에 해당하는 자녀 학령기는 생애주기 중 최소 12년 이상을 차지합니다. 이 시기에 부모들은 직장에서의 위치가 견고해지고, 가계소득 또한 최고 수준에 근접합니다. 하지만 이 시기는 자녀 교육비, 대출상환, 향후 자녀의 대학등록금 준비, 나아가 노후준비 등 여러 재무목표를 한꺼번에 달성해야 하는 만큼 부담이 큰 시기이기도 합니다.

이 시기에 접어들면 자녀들이 성장하면서 점차 자기만의 공간을 갖기를 원하기 때문에 지금까지 살고 있던 집의 규모를 늘려서 이사해야 하거나 미루고 있던 주택 구입을 실현하는 경우가 많습니다. 더 큰 집으로 이사를 하기 위해 임대계약을 하든, 주택 구입을 하든 많은 돈이 들 수밖에 없습니다. 신혼기와 자녀 출산기부터 미리 주택 자금을 모아두었다면 크게 문제가 되지 않겠지만 그렇지 못한 경우 자금 부족을 경험하게 됩니다. 하지만 자녀교육비 등 생활비가 드는 데다 부부의 노후자금을 모아야 하므로 무턱대고 주택 자금을 대출받아서는 곤란합니다. 따라서 자녀 학령기에는 여러 가지의 재무목표에 따라 저축과 지출, 부채상환 등의 균형을 맞추는 것이 매우 중요합니다.

"자녀에게 물고기를 잡아주지 말고 물고기를 잡는 방법을 알려주라."라는 말이 있습니다. 돈도 마찬가지입니다. 부모 마음에서는 자녀의 대학등록금이나 결혼자금을 모두 준비해주고 싶겠지만 노후준비도 해야 하는 상황에서는 쉽지 않은 일입니다. 그렇다고 대학등록금이나 결혼자금 전부를 자녀 스스로 해결하도록 내버려 두기도 쉽지 않죠. 자녀가 나중에 성인이 되어서 재정 독립심을 갖도록 하기 위해서는 어릴 때부터 금융교육을 해야 합니다. 자녀교육의 모범으로 여겨지고 있는 유대인들은 자녀가 아주 어릴 때부터 돈에 대해 올바른 가치관을 가질 수 있도록 금융교육을 철저하게 가르친다고 합니다. 이러한 조기 금융교육이 유대인들이 가진 경쟁력의 핵심이라고 말할 만큼 가정에서의 금융교육은 매우 중요합니다

40대쯤이면 주택은 이미 구입했고, 자녀교육비도 잘 준비하고 있으며, 내 노후준비를 위한 저축도 계속하고 있을 것입니다. 그 이외에 40대에 고려해야 할 돈 관리 팁은 다음과 같습니다.

자녀 결혼자금을 자녀가 스스로 마련하도록 하는 것이 좋지만, 경제적 여유가 있으면 자녀 결혼을 위한 자금 마련을 조금씩 시작해야 하

는 시기이기도 합니다. 이때에는 역시 비과세 금융상품을 통하여 목돈을 마련할 수 있도록 계획합시다.

마지막으로 더 넓은 주택 구입을 고려합시다. 자녀들이 성장하면서 동성의 자녀들도 각각 개인 방을 가질 수 있도록 하거나, 노부모를 모셔야 할 상황 등 좀 더 넓은 거주공간이 필요하다면 새롭게 주택청약종합저축을 가입해 지금보다 큰 집으로 옮겨 갈 계획을 고려합시다.

부부 공동명의로 집을 살 때, 이것 주의하자

과거에는 집을 살 때 남편 단독명의로 하는 경우가 많았는데, 요즘에는 상당수 맞벌이를 하다 보니 공동명의로 집을 매수하는 경우가 대부분입니다. 그런데 공동명의로 집을 매수할 때 세법상 주의해야 하는 부분이 있습니다.

세알못 맞벌이로 집을 살 때, 그냥 5:5 공동명의로 해야 한다고 생각하는데 이게 문제가 될 수도 있다는 말인가요?

택스코디 공동명의 자체가 문제가 되지는 않고, '자금조달 계획서를 어떻게 써야 하느냐'이 부분에서 처음 문제를 만나게 됩니다. 일단 자금조달 계획서는 두 장을 써야 합니다. (각각 50%, 50%만큼을 자

　　　　　기가 어떻게 조달할 건지를 써야 합니다.)

세알못　명의만 공동명의로 하고 자금조달 계획서 한 장 쓰는 게 아니라,
　　　　　각각을 써야 하는 건가요?

택스코디　네. 그렇습니다. 이 두 장의 각각의 자금을 자기가 소명해야 하고,
　　　　　이 총액도 결국은 전체 매수 대금과 다 맞아야지 넘어갈 수 있는
　　　　　부분입니다. 다음과 같이 가정해 봅시다.

- 아파트 10억 원에 매수 예정 (남편·아내 5:5 공동명의)
- 현재 전세금은 3억 원 (남편 단독명의): 남편 자산 1억 원, 아내 자산
  5천만 원, 전세자금 대출(남편 명의) 1억 원, 시댁 증여 5천만 원
- 보유자산: 남편 예금 3억 원, 아내 예금 1억 원
- 4억 원 대출 예정
- 2023년 근로소득금액: 남편 5천만 원, 아내 5천만 원

　부부의 자산을 일단 명의 기준으로 보면, 남편 단독명의로 전세자금
을 다 계약한 상황이기 때문에 전세자금 대출을 상환하고 나면 순 2억
원의 자금을 가진 상황이고. 남편 예금이 3억 원이 추가로 있으므로 남
편은 자금을 소명하는 게 큰 문제는 없습니다.

　문제는 아내입니다. 아내는 현재 예금이 이제 1억 원이죠. 그러면 '(나
머지) 4억 원을 도대체 어떻게 소명하란 말이냐'라는 부분에서 고민이
생깁니다. 일단 주택담보대출을 4억 원을 받을 건데, 이거를 아내 명의

로 모두 다 받는다면 문제는 간단하게 해결됩니다.

세알못   그럼 아내가 4억 원을 대출을 받으면 정리가 되는 건데, 남편 명의로 대출을 받게 되면 어떻게 되는 거예요?

택스코디   이렇게 되면 두 가지의 방법이 있습니다. 첫 번째로는 대출 4억 원을 남편 이름으로 받았지만, 실제 '각각 2억 2억을 상환한다'라고 해서 금융기관 대출액에 2억, 2억을 써서 내는 방법이 있습니다.

그러면 남편은 예금 자산의 3억 원에 대출 2억 원 하면 모두 다 소명이 되는데, 아내는 예금 자산 1억 원에 이번에 대출 2억 원 해도 2억이 비게 됩니다. 그렇게 되면 '이 2억을 과연 어떻게 소명할 것이냐'의 문제가 있습니다. 이 2억은 결국엔 전세자금에서 가지고 와야 합니다.

근데 여기서 보면 아내의 자산이 5천만 원 이미 들어가 있습니다. 이 부분은 '남편분한테 전세하라고 차용해 줬다'라고 소명할 수 있는 부분이 있는데. 여기 남편 부모님으로부터 증여를 받은 것은 명백한 남편의 자산이기 때문에 그냥 아내에게 증여가 됐다고 볼 수밖에 없는 부분입니다. 그리고 남편 자산 1억도 실제로는 증여로 보일 가능성이 있어서 2억 중에 1억 5천은 남편으로부터 증여를 받았다고 원칙적으로는 보여집니다.

세알못   그럼 공동명의로 집을 사고 자금조달 계획서 2장 썼는데, 갑자기 증여로 간주 되는 당황스러운 상황을 마주하실 수 있는 거네요. 그러면은 전세계약을 할 때도 누구 명의로 할지 꼼꼼하게 해야겠습니다.

택스코디 여기서 꿀팁 하나, 아내가 전세자금을 처음에 보낼 때 그냥 애매하게 보내지 말고 통장에서 통장으로 이체할 때 '전세자금 대여' 같이 적요를 남겨두면, 이후에 자신의 자금이 들어간 전세자금이라는 걸 입증하기 쉬워집니다.

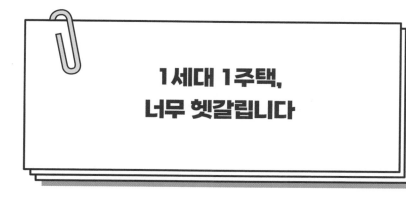

1세대 1주택,
너무 헷갈립니다

우리나라에서 세금 부과의 설계는 '소득이 있는 곳에 세금이 있으며, 소득이 더 많은 사람이 더 많은 세금을 낸다'라는 과세 제도에 충실 하려는 방향으로 발전하고 있습니다.

1세대 1주택이란 말은 제법 들어 봤을 것입니다. 세법에서는 1세대를 기준으로 세금을 매긴다거나 1주택에 대한 세제 혜택을 부여하는 등 세대와 주택 수를 중요하게 따집니다.

1세대 1주택 양도소득세 비과세, 1세대 1주택 종합부동산세 추가공제 및 세액공제, 취득세의 중과세 등 세금을 부과·감면하는 데 있어 세대와 주택 수는 큰 영향을 끼칩니다.

주택을 취득·보유·양도할 때마다 세금은 계속 우리를 따라 다닙니다. 우선 현재 취득세 규정은 세대별 주택 수에 따라 취득하는 주택의 소재지에 따라 세율을 달리 과세하고 있습니다. 특히 주택 수는 개인이 아닌 1세대의 주택 수로 계산하기 때문에 세대의 판단은 중요한 쟁점이 됩니다.

취득세에서 1세대는 주택을 취득하는 사람과 '주민등록법'상 세대별 주민등록표에 함께 기재되어 있는 가족으로 구성된 세대를 말합니다. 즉 취득일 현재 주민등록표에 형식상 기재된 가족입니다.

이는 양도소득세의 세대 판단과 가장 큰 차이를 나타냅니다. 양도소득세에서 1세대는 형식적 판단이 아닌 실질로 같은 주소에서 생계를 같이하는 가족을 판단한다는 점입니다. 한 가지 더 고려할 점은 배우자와 30세 미만의 미혼 자녀는 주민등록표에 주소를 달리하고 있더라도 동일세대로 간주 된다는 점입니다. 이에 따른 여러 가지 특례제도가 존재함으로 별도세대에 대한 특례규정을 따져봐야 합니다.

주택을 보유할 때 부과되는 세금은 크게 주택임대소득에 대한 종합소득세 및 재산세, 때에 따라 종합부동산세 등이 있습니다. 여기서 1세대 1주택에 대해 혜택을 부여하는 세목은 주택임대소득에 대한 종합소득세 및 종합부동산세입니다.

우선 주택임대소득에 대한 종합소득세에서 과세대상 주택 수는 본인과 배우자의 주택만을 합산해 과세합니다. 부부합산 주택 수가 1세대 1주택인 경우 (국내에 한정) 고가주택(기준시가 12억 원)이 아니라면 월세 소득에 대한 종합소득세는 부과하지 않는 혜택을 주고 있습니다.

종합부동산세에서 주택에 대한 과세는 본인의 주택 수만을 합산해 세율을 적용하고 있지만, 1세대 1주택은 두 가지 세제 혜택을 줍니다. 기본공제 12억 원 및 세액공제 (고령자 및 장기보유자)입니다. 종합부동산세의 1세대 1주택은 세대원 중 1명만이 주택분 재산세 과세 대상인 1주택만을 소유한 거주자로 규정하고 있습니다.

따라서 원칙적으로 부부 공동명의에 의한 주택 소유는 양도소득세에서는 1세대 1주택자에게 해당하지만, 종합부동산세에서는 1세대 1주택자에게 해당하지 않습니다. 다만 특례규정을 둬 1세대 1주택자 신청을 할 수 있고 여러 가지 1세대 1주택 판정에 대한 특례규정이 존재함으로 이 또한 자세히 따져야 합니다.

마지막으로 양도소득세에서 1세대 1주택의 혜택 또한 두 가지로 요약할 수 있습니다. 양도가액 12억 원까지 비과세 및 고율의 장기보유특별공제(보유 및 거주에 따름)입니다. 양도소득세에서 1세대 1주택이란 양도일 현재 거주자와 그 배우자가 같은 주소 또는 거소에서 생계를 같이하는 가족을 의미하며, 1주택은 상시 주거용으로 사용하는 실질 주택을 말합니다.

양도소득세에서 가장 큰 특징은 모든 판단을 형식이 아닌 실질로 판단한다는 점인데 위에서 언급한 취득세의 판단과 다른 점을 주의해야 합니다. 예를 들어 35세 아들과 본인 및 배우자가 주민등록에는 별도 세대를 이루고 실질로 같이 생계를 같이하며 동거하는 경우 취득세에서는 별도세대로 볼 수 있지만, 양도소득세에서는 동일세대로 보는 것을 유의해야 합니다.

1세대 1주택
양도소득세 비과세 요건은?

주택의 양도차익에는 양도소득세가 부과되지만, 집이 딱 한 채만 있는 1세대 1주택자는 양도소득세가 면제됩니다. 바로 1세대 1주택 비과세 제도입니다.

집 한 채를 팔았는데 양도소득세가 많이 나오게 되면 새로운 집을 사서 이사하기가 어려워질 수 있습니다. 세금으로 거주이전을 위협받지 않도록 보장해주는 것입니다.

세알못 1세대 1주택 비과세 적용을 받으려면 어떤 요건을 갖춰야 하나요?

택스코디 일반적으로 1세대 1주택이라면 당연히 비과세를 받을 수 있다고 생각하지만, 일정 기간 보유해야 하고, 일부 거주요건이나 가족의 전입 요건까지 갖춰야만 비과세를 적용받을 수 있는 등 복잡해졌습니다. 정부가 주택시장 대책을 내놓을 때, 다주택자뿐만 아니라 1세대 1주택자 규정도 수시로 바꿔왔기 때문입니다.

1세대 1주택자이지만 보유주택은 다른 사람에게 전세나 월세를 주고 본인은 또 다른 집에 세를 들어 사는 경우가 있습니다. 보유주택의 지역과 직장이 너무 멀거나 분양을 받았는데 당장 들어가서 살기 어려운 상황이 대표적입니다. 그래서 적지 않은 1주택자들이 이런 전월세살이를 합니다.

만약 조정대상지역에 있다면, 이런 경우 비과세를 적용받지 못할 수 있습니다. 2017년 9월 19일부터 조정대상지역에서는 1세대 1주택자라도 보유뿐만 아니라 거주까지 2년 이상 해야만 비과세 대상이 되기 때문입니다.

1세대 1주택 비과세의 보유와 거주요건은 이미 여러 차례 개정을 거듭했습니다. 과거에는 1세대가 1주택을 3년 이상 보유하면 양도소득세 비과세를 적용받을 수 있었지만, 2012년 이후에는 2년 이상만 보유해도 되는 것으로 바뀌었습니다.

그런데 2017년 8.2 대책으로 그해 9월 19일부터 조정대상지역에 있으면 2년 이상 보유 외에 2년 이상 거주도 비과세 요건으로 추가됐습니다. 과거 2002년과 2003년에 일산과 분당, 과천 등 1기 신도시를 대상으로 1~2년 거주요건을 내걸었던 것이 조정대상지역에서 부활한 셈입니다.

┃ 1세대 1주택 양도소득세 비과세 요건 변화

개정 일시	내용
1994년 12월 31일	1주택을 3년 이상 보유
2002년 10월 1일	1기 신도시는 3년 이상 보유하고 1년 이상 거주
2003년 11월 20일	1시 신도시는 3년 이상 보유하고 2년 이상 거주
2012년 6월 29일	1주택을 2년 이상 보유
2017년 9월 19일	조정대상지역은 2년 이상 보유하고 2년 이상 거주

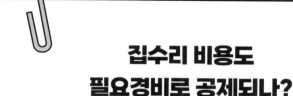

집수리 비용도
필요경비로 공제되나?

양도소득세는 양도 시점에 발생한 차익에 대해 내는 세금으로 양도일이 속한 달의 말일부터 2개월 이내에 예정신고 후 납부해야 합니다. 예를 들어 2023년 9월 13일에 잔금을 받았다면 예정신고·납부기한은 2023년 11월 30일까지입니다.

세알못 처분 후 두 달이면 신고 기간이 넉넉하지는 않아 보입니다. 아파트를 팔고 세금을 내야 하는 상황에서 신고 대리 수수료가 부담스러운데, 셀프신고도 가능한가요?

택스코디 먼저 세무서에 방문하면 구비되어 있는 '양도소득세 간편 신고서'를 작성하고 증빙 사항을 제출해 양도소득세를 신고할 수 있습니다. (오프라인보다 온라인 신고가 편하다면 국세청 홈택스

예정신고 항목에 체크한 뒤 양도인, 양수인, 자산종류, 세율 구분, 양도일, 취득일, 보유 기간, 거주기간, 고가주택 거주기간, 양도가액, 취득가액, 필요경비, 양도차익, 장기보유특별공제, 양도소득금액 등을 작성해야 합니다.

세무서에서 당황하지 않기 위해서는 방문 전 미리 작성해 보면 좋습니다. 국세청 홈페이지(국세신고안내→개인신고안내→양도소득세→주요서식)에서 '양도소득세 간편 신고서'를 검색하면 서식 및 작성 방법을 자세히 확인할 수 있습니다.

작성 항목 중 납세자들이 헷갈릴 수 있는 사항 중 하나를 살펴보자면 필요경비 부분입니다. 세금을 조금이라도 줄일 수 있는 항목 중 하나이기도 하죠.

우선 부동산 거래 시 취득세, 법무비용, 중개수수료 그리고 국민 채권 매각 손실 이런 비용 등은 기본적으로 경비로 인정받을 수 있습니다. 이 외에 발생하는 인테리어 비용이나 항목들을 경비로 처리해도 되는지 의문이 들 수 있습니다. 답을 하자면 교체나 설치를 통해 자산의 사용 연수를 연장하거나 가치를 높인 지출에 대해서만 비용으로 인정해줍니다.

예를 들어 청약 당첨 후 옵션 선택 시 발코니와 시스템 에어컨 같은 경우에는 준공 전에 하나 준공 후에 내가 따로 사람 불러서 하나 필요경비에 무조건 포함됩니다. 양도소득세를 계산할 때 이런 시스템 에어컨, 그리고 샤시, 난방 배관공사, 같은 것들은 자본적 지출로서 필요경비 처리가 가능하므로 그만큼 양도차익이 줄어든다고 생각을 하면 됩니다.

그런데 주방을 고급화한다거나 붙박이장을 한다던가 요즘에 유행하는 벽에 하는 아트월 같은 것들은 아무리 돈을 많이 들인다고 하더라도 세법에서는 이 건물의 가치를 향상하는 자본적 지출로 보지 않습니다. 이 비용은 수익적 지출이라고 해서. 건물의 가치를 향상하는 것이 아니라 보존, 이런 비용으로 보기 때문에 필요경비로 인정을 받을 수가 없습니다. 다음 표를 참고하세요.

구분	자본적 지출	수익적 지출
개념	자산의 내용연수를 연장시키거나 당해 자산의 가치를 현실적으로 증가시키기 위해 지출한 수선비 등	정상적인 수선 또는 경미한 개량으로 자산의 가치를 상승시킨다기보다는 본래의 기능을 유지하기 위한 비용
필요경비 해당여부	O	X
사례	아파트 베란다 샷시비, 홈오토 설치비, 건물의 난방시설물 교체한 공사비, 방확장 등의 내부시설 개량공사비 또는 보일러 교체비용, 자바라 및 방범창 설치비용, 사회통념상 지불된 것으로 인정되는 발코니 샷시 설치대금, 자본적 지출에 해당하는 인테리어 비용 등	벽지, 장판 교체비용, 싱크대, 주방기구 교체비용, 외벽 도색작업, 문짝이나 조명 교체비용, 보일러 수리비용, 옥상 방수공사비, 하수도관 교체비, 오수정화조설비 교체비, 타일 및 변기 공사비, 파손된 유리 또는 기와의 대체, 재해를 입은 자산의 외장복구 및 도장, 유리의 삽입, 화장실 공사비, 마루공사비 등

노후대비용 소득 보장, 연금을 활용하자

매달 떼가는 국민연금은 곧 고갈될지도 모른다는 말이 들리고, 기대수명은 자꾸 높아진다는데 돈 들어갈 일은 많아져만 갑니다. 이래저래 떼가는 세금은 또 왜 이렇게 많을까요. 확실한 수입이 있는 지금 미리 대비해 놓지 않으면 나중에 막막해질 것만 같습니다.

많은 사람이 이럴 때 보험을 찾습니다. 다치거나 병에 걸리는 경우를 대비할 수도 있지만, 노후 개인연금이나 상속을 위한 용도로 활용할 수도 있기 때문이죠.

> **세알못** 보험을 조금 더 현명하게 활용하고 싶은데, 절세 효과가 있는 상품도 있나요?
>
> **택스코디** 노후 보호용 소득 보장 수단인 연금은 보통 3단계로 분류됩니다.

1단계는 국민연금, 2단계는 퇴직연금, 마지막 3단계는 개인연금이죠. 개인연금은 다시 연금보험, 연금저축, 개인형 퇴직연금(IRP)으로 나뉘는데, 이 중 보험사에서 가입할 수 있는 상품은 연금보험과 연금저축 중 '연금저축보험'입니다.

연금보험과 연금저축보험, 이름이 비슷해 혼동하기 쉽지만, 목적이 다른 상품입니다. 간단히 정리하면 연금보험은 연금 개시 시점에 이득을 볼 수 있고, 연금저축보험은 매해 연말정산 때 도움이 된다는 게 가장 큰 차이점입니다.

연금보험의 경우 45세부터 연금 수령이 가능합니다, 이때 이자소득세(15.4%)가 면제되는 비과세 상품입니다. 납입 한도도 별도로 없습니다. 연금 수령 시 납입한 것보다 더 많은 금액을 받길 원한다면 연금보험이 좋은 선택이 되겠죠. 예를 들어 40세 남성이 월 30만 원씩 20년을 납입해 원금이 7,200만 원이라고 할 때, 공시이율을 연 복리 3.1%로 가정하면 연금 개시 시점에 붙는 이자만 2,000만 원이 넘습니다. 만약 이자소득세를 내야 한다면 300만 원 이상을 떼야 하는데, 연금보험 상품이라면 이를 내지 않아도 됩니다.

연금보험 상품 중에는 일시납 상품도 있습니다. 꾸준한 근로소득이 없는 사람에게 목돈이 생겨 연금으로 묻어두고 싶을 때 많이 찾는 방식인데, 10년 이상 유지할 수만 있다면 마찬가지로 비과세 혜택을 받을 수 있습니다.

연금 보험	
세제 혜택	연금 수령 시 비과세
납입 한도	납입 한도 없음
연금 수령	만 45세부터 가능

연금저축보험은 5년 이상 납입하면 55세 이후 연금으로 받는 상품을 말합니다. 아무리 많이 넣고 싶어도 연간 최대 1,800만 원이 한도지만 세액공제 형태로 매년 세금 혜택을 받을 수 있다는 게 가장 큰 특징입니다.

2023년부터는 연간 최대 600만 원까지 공제 가능합니다. 여기에 IRP까지 함께 활용하면 최대 900만 원까지 세액공제가 가능합니다. 연간 총급여액 5,500만 원(종합소득금액인 경우 4,500만 원)을 기준으로 이보다 소득이 낮으면 세액공제율이 16.5%(지방소득세 포함), 높으면 13.2%입니다. (참고로 IRP는 연금저축과 마찬가지로 연간 1,800만 원까지 납입할 수 있고 세액공제를 받을 수 있다는 점에서 비슷하지만, 투자 대상과 한도에 차이가 있고 가입 및 수수료 조건도 다릅니다. 담보대출 여부, 중도인출 가능 여부 등을 따져 본인에게 필요한 상품을 선택하는 게 가장 좋습니다.)

| 연금저축 세액공제 기준

연 소득	연금저축 세액공제 한도 (IRP 포함한도)	세액공제율	최대 세금 환급금
5,500만 원 이하	600만 원 (900만 원)	16.5%	1,485,000원
5,500만 원 초과		13.2%	1,188,000원

세알못 연봉 8,000만 원인 직장인입니다. 연금저축보험과 IRP에 매달 50만 원씩 넣어 연간 연금저축으로 600만 원, 퇴직연금으로 600만 원을 모았습니다. 세액공제 받을 수 있는 금액은 얼마인가요?

택스코디 세액공제 대상 금액은 최대 900만 원이므로, 연말정산 때 받을 수 있는 세액공제액은 공제금액에 13.2%를 곱한 118만8,000원입니다. 가장 적은 돈으로 많은 세액공제를 받으려면 연간 납입액을 '연금저축 600만 원+IRP 300만 원'으로 구성하거나, IRP에만 연간 900만 원을 넣는 게 좋습니다.

연봉이 4,000만 원인 직장인은 공제율이 비교적 높아 이론적으로 연금저축보험 단독으로 받을 수 있는 최대 세액공제금은 99만 원(600만 원 × 16.5%)이고, IRP를 함께 활용하면 최대 148만5,000원(900만 원 × 16.5%)까지 공제 가능합니다.

다만 5년 이상 납부해 10년 이상 유지해야 한다는 조건을 만족할 수 있는지부터 따져봐야 합니다. 모든 보험상품이 그렇듯 중도해지 시 손실이 발생하기 때문입니다. 연금보험의 경우 해지하는 시점의 환급금이 납입원금보다 많다면 차액만큼 이자소득세가 붙고, 연금저축보험은 가입 연도 기준 5년 내 해지하면 그간 세액공제로 혜택을 봤던 금액에 대해 기타소득세(16.5%)가 부과됩니다. 적지 않은 금액이므로, 10년 이상 해약하지 않고 꾸준히 보유할 수 있는 사람에게만 이 상품들이 노후준비와 절세비법이 될 수 있습니다.

"나 죽은 뒤 목돈이 생기면 무슨 소용이냐"는 인식도 있지만, 그럼에도 종신보험을 찾는 사람은 꾸준히 있습니다. 특히 최근엔 상속세 고민을 덜어주는 수단으로 종신보험이 주목받고 있습니다. 과거만 해도 상속세는 '부자들이 내는 세금'으로 인식됐기 때문에 중산층은 크게 신경쓰지 않아도 됐는데, 최근 몇 년간 집값이 큰 폭으로 오르다 보니 예상치 못하게 상속세 걱정을 해야 하는 사람이 늘었습니다.

서울 아파트 평균 매매가가 10억 원을 넘길 정도로 집값이 치솟으면서 생긴 현상입니다. 만약 배우자가 없는 사망자가 서울에 가지고 있던 15억 원짜리 아파트를 자녀가 상속받는 경우, 기본공제액 5억 원을 제외한 나머지 10억 원에 대해 상속세가 부과됩니다. 아파트 한 채만 상속받으려 해도 2억 원이 넘는 세금을 내야 하는 상황이 된 것입니다.

이 때문에 시가 10억 원이 넘는 부동산 상속이 예상되면 종신보험을 보조 수단으로 사용하면 됩니다. 보통 자산의 70~80%가 부동산에 들어가 있어 한 번에 큰돈을 마련하기 어려우니, 사망보험금으로 상속세를 대신하려는 것입니다. 종신보험은 보험료가 높고 장기간 납입해야 해 점차 인기가 시들고 있는 보험상품이긴 하지만, 피보험자 사망 직후한 번에 약정된 보험료를 받을 수 있다는 점에서 도움이 되는 건 사실입니다.

가입할 때 주의해야 할 부분이 있습니다. 자신의 (종신)보험료를 직접 내다가 사망해 자녀가 사망보험금을 받을 때는 해당 보험금에 대해서도 상속세가 부과됩니다. 자녀가 직접 기여한 재산이 아니기 때문이죠. 상속세를 피하기 위해서는 수입이 있는 자녀가 직접 오랜 기간 부모를 피보험자로 하는 종신보험에 가입해 보험료를 냈다는 사실이 증명돼야 합니다. 따라서 보험계약자도, 보험금 수익자도 본인(자녀)이어야 한다는 말입니다.

4

자녀 성년기 및 독립기
세테크

자녀성년기 및 독립기는 인생의 중반기에 해당하는 시기입니다. 마라톤으로 비유하면 지금까지 앞만 보고 열심히 달려왔지만, 반환점 부근에 있는 지금부터는 인생 후반기를 새롭게 대비해야 하는 시기입니다.

50대가 되면 자녀가 대학을 졸업하고 취업 등으로 경제적으로 독립하는 시기입니다. 그리고 일부에서는 이미 조기(명예)퇴직을 하고 재취업을 하는 기간이기도 합니다. 이 시기에 필요한 돈 관리 팁은 다음과 같습니다.

감소한 자녀교육비를 노후대비 준비금으로 이용합시다. 자녀가 독립하여 자녀교육비는 거의 지출되지 않는 시기이기에 이 부분을 적극적으로 노후자금준비에 이용하도록 합시다. 그러나 자녀의 결혼을 위한 자금 마련이 충분하지 않다면 부모가 도와주어야 하는 시기이기도 합니다.

참고로 50대에는 안전을 제일 우선으로 해야 합니다. 따라서 가진 자산을 불리기 위해 무리한 투자를 하는 것은 매우 위험한 일입니다.

> **세알못**　투자를 해서 노후를 준비하는 게 좋은 거 아닌가요?
> **택스코디**　그렇지 않습니다. 젊어서와 달리 50대에는 원금을 손실하면 이를 극복할 기간이 부족하기 때문입니다.

이를 위해서는 '계란을 한 바구니에 담지 말아라!'라는 말을 잘 지켜야 합니다. 즉 자신이 보유한 자산을 예를 들어 적금, 주식, 채권, 부동산 등 다양한 자산형태로 분산시켜 보유해야 하며, 이는 자산의 특성에 따라 손실위험 혹은 수익이 서로 다르므로 시장 상황이 변화하더라도 모든 자산이 위험이 빠지지 않도록 하기 위함이죠. 특히 주식과 채권은 직접 자신이 투자하지 말고 간접투자상품을 선택하되 원금손실을 최소화시킨 상품으로 선택하도록 합시다.

자녀가 성장해 가족을 떠나는 시기에는 가계에 많은 변화가 일어나게 됩니다. 자녀를 성공적으로 떠나보내기 위해서는 정서적으로나 재정적으로 많은 준비가 필요하고 가족 단위가 부부로 축소되면서 아내와 남편으로서 역할이 더욱 중요해집니다.

건강, 노후, 소득 등과 관련해 새롭게 나타나는 위험에도 대비해야 합니다. 일반적으로 소득의 규모가 가장 커지는 시기이지만 지출도 많은 시기이므로 자산을 잘 관리해 노후자금을 충분히 마련하는 것에도 각별한 관심을 기울여야 합니다. 또 금융사기로부터 자산을 지키기 위한 정보도 주의 깊게 살펴볼 필요가 있습니다. 다양한 변화를 맞이하는 이 시기를 어떻게 관리하는가에 따라 인생의 후반기가 달라질 수 있습니다.

일시적 2주택자
세제 혜택 살펴보자

집을 한 채만 보유한 1주택자는 세금을 안 내거나 적게 내는 혜택을 받습니다. 주택을 사거나 보유 중이거나 팔 때 내는 세금 모두에 혜택을 받죠. 개인을 기준으로 하지는 않고 세대를 기준으로 1세대가 1주택만 보유한 경우에 이런 혜택을 줍니다. 그런데 부동산 거래의 특성상 1세대 1주택자라도 잠깐은 2주택이 되는 경우가 있습니다. 이사를 하기 위해 새로운 집을 사서 들어갈 때가 대표적입니다. 법에서는 '대체취득'이라고 합니다.

이사 갈 집을 먼저 산 경우, 종전에 살던 집을 팔기 전까지는 일시적으로 2주택자가 되는 것이죠. 겹치는 기간이 없다면 좋겠지만, 보통은 살던 집(팔 집)과 이사 갈 집(살 집)의 보유기간이 겹치는 경우가 생깁니다. 그래서 종전 집을 최대한 빨리 판다는 조건으로 일시적인 2주택자도 1주택자와 같은 세금 혜택을 줍니다. 이때 종전 집을 팔아야 하는 기간이 정해져 있습니다. 과거 일부 '2년'이었던 이 기간이 2023년 1월 12일부터는 '3년'으로 늘었습니다.

일시적인 2주택으로 인정받으려면 각각 세목별로 다음 표처럼 종전 주택 처분기한 등의 요건을 갖춰야 합니다.

세목	혜택	종전주택 처분기한
양도소득세	12억 원 이하 비과세 장기보유특별공제 최대 80%	2년 이상 보유 또는 거주 후 3년 이내 처분
취득세	1주택 세율 1~3% 적용	3년 이내 처분
종합부동산세	12억 원 공제 + 세액공제 최대 80%	

이미 1채의 주택이 있는데, 이사 등을 이유로 대체주택을 취득하는 경우에는 일시적인 2주택으로 1주택과 동일하게 간주합니다. 이렇게 대체주택을 취득할 때 2주택째를 취득하는 것이지만, 1주택과 마찬가지 취득세를 부담합니다.

물론 취득세는 1주택과 2주택 모두 1~3%의 기본세율이 적용됩니다. 대체해서 취득하는 주택이 조정대상지역에 있다면 이야기가 달라집니다. 조정대상지역에서 2번째 주택을 취득하는 경우에는 무려 8%의 높은 취득세율을 적용받기 때문입니다.

참고로 지금(2023년 9월 말 기준)은 조정대상지역이 대부분 해제됐지만, 서울의 서초구, 강남구, 송파구와 용산구는 여전히 조정대상지역으로 남아 있습니다.

하지만 조정대상지역이라도 이사 등 대체취득에 따른 일시적인 2주택이라면 취득세 중과세율을 적용받지 않습니다.

취득세의 일시적인 2주택을 판단할 때에는 분양권이나 조합원 입주권, 오피스텔도 주택 수에 포함됩니다. 분양권을 갖고 있는데 신규주택을 취득한다면 분양권을 3년 안에 처분해야만 일시적인 2주택인 것으로 인정받습니다.

분양권과 입주권으로 보유했지만, 주택으로 준공될 때는 분양권이나 입주권을 취득한 날이 해당 주택의 취득일이 됩니다.

양도소득세 비과세 혜택은 일시적 2주택자가 받는 가장 큰 혜택입니다. 집을 갈아타면서 생기는 양도차익에는 1주택자와 마찬가지로 세금을 부과하지 않는 것입니다.

구체적으로는 주택 양도가액 12억 원까지는 양도차익이 얼마이든 양도소득세가 부과되지 않습니다. 12억 원이 넘었을 때 팔더라도 12억 원 초과분에 대해서만 양도소득세를 계산하고, 그마저도 보유기간에 따른 장기보유특별공제를 최대 80%까지 적용해서 세액을 깎아줍니다.

양도소득세 비과세는 혜택이 큰 만큼 요건이 좀 까다롭습니다. 종전주택은 2년 이상 보유한 주택이어야 하고, 새로운 주택을 구입한 지 3년 이내에 팔아야만 일시적인 2주택으로 인정됩니다.

특히 종전주택이 취득 당시에 조정대상지역 내에 있는 주택이었다면, 취득시점 이후 2년 이상 보유했고, 동시에 2년 이상 거주도 했어야만 양도소득세 비과세 혜택을 받을 수 있습니다. 현재는 조정대상지역에서 해제됐더라도 취득 당시에 조정대상지역이었다면 거주 2년 요건까지 갖춰야 합니다. 다만 이때 연속으로 2년을 거주해야 하는 것은 아니고, 보유기간 동안 합산해서 2년 동안 거주하면 요건을 갖춘 게 됩니다.

다음으로 보유하는 주택이 고가의 주택이라면 종합부동산세를 부담할 수 있습니다. 1세대 1주택인 경우에는 종합부동산세 부담이 크게 줄어듭니다.

종합부동산세 기본공제금액은 9억 원이지만, 1세대 1주택자는 12억 원을 공제합니다. 1세대 1주택자는 보유기간에 따른 세액공제와 연령에 따른 세액공제를 합해서 80%까지 받을 수 있습니다.

이사 등을 이유로 대체주택을 취득한 일시적인 2주택인 경우에도 1주택과 마찬가지로 12억 원 공제와 최대 80%의 세액공제를 받을 수 있습니다.

과세기준일인 6월 1일 현재 대체취득한 지 3년이 지나지 않은 신규주택이라면 일시적인 2주택으로 보고 공제 혜택을 받을 수 있습니다.

이때 보유세는 과세기준일 현재 보유하고 있는 사람에게 부과되는 세금이기 때문에 6월 1일 이전에 신규주택을 구입했다면 종전주택과 신규주택의 과세표준을 합산해서 종합부동산세가 부과됩니다.

12억 원의 기본공제는 두 개의 주택 과세표준을 합한 금액에서 공제합니다. 보유기간과 연령에 따른 세액공제는 종전주택분에 대해서만 적용됩니다. 과세표준 합계액에서 종전주택이 차지하는 비중만큼만 세액공제를 하는 겁니다.

종합부동산세 계산 시 일시적 2주택자의 1세대 1주택 적용 특례는 매년 9월 말까지 특례신청을 해야만 받을 수 있습니다. 신청하면 특례가 적용된 고지서를 받게 됩니다.

종합부동산세 특례는 양도소득세처럼 종전주택 보유기간이나 신규주택 취득시기에 대한 제한은 없지만, 종전주택을 3년 이내에 팔아야만 1주택자 혜택이 유지됩니다.

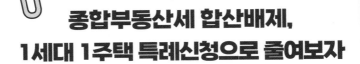

종합부동산세 합산배제,
1세대 1주택 특례신청으로 줄여보자

2023년부터 18억 원 이하의 1주택 부부 공동명의자들은 종합부동산세를 내지 않아도 됩니다.

1세대 1주택 단독명의자의 2023년 종합부동산세 기본공제는 2022년보다 1억 원 늘어난 12억 원입니다. 부부 공동명의 1주택자들의 기본공제도 각각 9억 원씩 18억 원으로 상향됐습니다. 따라서 공시지가 18억 이하의 아파트 1채를 공동으로 소유한 부부는 2023년 종합부동산세를 내지 않아도 됩니다.

이 같은 공제 한도 상향에 공시가격 하락 흐름이 맞물리면서 2023년 서울 강남·서초 등 주요 지역 아파트 거주자들은 대거 종합부동산세 부과 대상에서 제외됐습니다.

서울 강남구 대치동 은마아파트의 공시가격은 2022년 20억4,200만 원에서 2023년 15억5,600만 원으로 떨어졌습니다. 2022년 이 아파트를 공동명의로 소유한 부부는 226만 원의 종합부동산세를 내야 했지만, 2023년에는 종합부동산세를 내지 않아도 됩니다.

그리고 2022년 100만 원가량의 종합부동산세를 냈던 동작구 흑석동 아크로리버하임, 송파구 가락동 헬리오시티 소유 부부들도 2023년 종합부동산세는 '0원'입니다.

공시가격 18억 원 이상의 아파트·주택 보유 부부도 2023년에는 종합부동산세 부담을 크게 덜었습니다. 공시가격이 21억8천만 원인 서초구 반포동 래미안퍼스티지 1채를 보유한 부부의 종합부동산세 부담은 2022년 481만 원에서 2023년 76만 원으로 대폭 줄었습니다.

공시가격 26억8천300만 원의 서초구 반포동 아크로리버파크 보유 부부도 2022년 575만 원에서 2023년 183만 원으로 종합부동산세가 매우 감소했습니다.

참고로 매년 9월 16일부터 30일까지는 종합부동산세 부부 공동명의 1세대 1주택 과세특례 및 합산배제 신청 기간입니다.

일부 고가 아파트 보유자들은 추가적인 세금 감면의 여지도 있습니다. 단독명의가 되면 기본공제액이 18억 원에서 12억 원으로 줄어들지만, 1세대 1주택자에게만 적용되는 고령자 및 장기보유 세액공제를 받을 수 있게 됩니다.

1세대 1주택을 보유한 60세 이상 고령자는 보유 기간과 연령에 따라 최대 80%까지 세액공제를 받을 수 있습니다. 따라서 공시가격이

18억 원을 넘는 고가주택 보유자는 기본공제와 고령자·장기보유 공제를 비교한 뒤 유리한 방식을 선택해 세금을 줄일 수 있습니다.

가령 서초구 아크로리버파크를 15년 이상 보유한 65세 부부는 공동명의로는 183만 원의 종부세를 내야 하지만, 1세대 1주택 특례신청을 하면 118만 원으로 세금 부담이 줄어듭니다.

세알못 특례신청은 알겠는데, 종합부동산세 합산배제 신고는 무엇인가요?

택스코디 종합부동산세 과세대상 부동산 중 일정 요건에 해당하는 임대주택, 사원용 주택 및 주택신축용 토지 등을 종합부동산세 부과 대상에서 제외하기 위해 해당 명세를 관할 세무서에 신고하는 것을 말합니다.

합산배제 적용대상 주택을 보유한 자가 합산배제 임대주택의 규정을 적용받으려는 때에는 매년 9월 16일부터 9월 30일까지 합산배제 신고서를 납세지 관할 세무서장에게 제출해야 합니다. 다만, 최초의 합산배제 신고를 한 연도의 다음 연도부터는 그 신고한 내용 중 소유권 또는 전용면적 등의 변동이 없는 경우에는 신고하지 않을 수 있습니다.

합산배제 신고는 서면 방법, 온라인 방법으로 신고할 수 있으며, 국세청 누리집 또는 홈택스에서 합산배제 신고안내 동영상 또는 홈택스 신고 매뉴얼을 참고하여 신고할 수 있습니다.

세알못 합산배제 신고 후 요건을 충족하지 못하게 되면 어떻게 되나요?

택스코디 합산배제 요건을 충족하지 못한 주택을 합산배제 신고하거나,
합산배제 신고 후 임대주택을 임대의무기간 이내에 양도하거나,
공가기간이 법정 공가기간을 초과한 경우 등 합산배제 의무요건
을 충족하지 못한 경우에는 합산배제 적용으로 경감받은 세액과
이자 상당액을 추징합니다.

• 이자 상당 가산액 = 합산배제로 경감받은 세액 × 1일 22/10,000

다만, 임대의무기간 종료일에 임대사업자 등록이 자동 말소되는 아
파트 장기임대주택과 단기임대주택을 임대의무기간 내에 임차인의
동의를 받아 임대사업등록증 말소한 경우 합산배제로 경감받은 종합
부동산세는 추징하지 않습니다.

퇴직연금,
뭐가 유리할까?

세알못 퇴직연금을 잘 운용하고 싶은데 너무 복잡하고 다양해서 일단 어떤 걸 골라야 할지, 어떻게 운용하는 게 더 좋을지 잘 모르겠습니다. DB, DC, IRP 도대체 차이가 뭔가요?

택스코디 우선 가장 큰 차이라면 확정급여(DB)형은 퇴직연금 적립금을 사용자(회사)가 운용하고, 확정기여(DC)형과 개인형 퇴직연금(IRP)은 개인이 직접 굴린다는 점입니다.

즉 DB형은 적립금을 회사가 운용하고 사전에 확정한 퇴직연금을 직원이 받는 형태라면, DC형과 IRP는 적립금을 근로자가 직접 운용하고 퇴직 시에 적립금과 운용 손익을 최종 급여로 가져가는 방식입니다.

DB형과 DC형은 퇴직연금을 도입한 기업이라면 근로자에게 퇴직급여를 지급하기 위해 기본적으로 설정해야 하고, IRP는 개인형 퇴직연금이라는 이름에서 알 수 있듯이 소득이 있는 취업자라면 누구나 자유롭게 가입할 수 있습니다. (직장에서 DB형이나 DC형 퇴직연금에 가입한 근로자들도 추가로 IRP에 가입할 수 있습니다.)

　　최근 '세테크' 목적으로 IRP에 가입하는 사람들이 늘어나고 있습니다. 한 은행 또는 한 증권사에서 두 개 이상의 계좌를 만드는 것은 불가하지만 다른 은행 두 군데나 은행, 증권사에서 각각 1개의 계좌를 개설하는 것은 가능합니다. 대신 세제 혜택은 전체 IRP 계좌 입금 금액을 합쳐 계산합니다. 두 계좌의 연 합산 입금액이 1,800만 원이면 이 가운데 최대 900만 원(연금저축과 합산 한도)까지 세제 혜택을 받을 수 있습니다. (세액공제율: 총급여 5,500만 원 이하 16.5%, 5,500만 원 초과 13.2%)

　　DB형은 퇴직 직전 3개월 평균 임금에 근속연수를 곱해 퇴직급여를 결정합니다. 근로자 본인의 임금수준과 근속기간에 따라 정해져서 현행 퇴직연금 제도 유형 가운데 과거의 일시적 퇴직금과 가장 비슷합니다. 작년 적립금 기준으로 전체의 57.3%를 차지할 정도로 절대적인 비중을 차지합니다.

　　DB형은 기금 운용 책임을 회사가 안고 가는 터라 아무래도 근로자가 수익의 책임을 전적으로 지는 DC형과 비교해 상대적으로 안정적인 운용에 방점이 맞춰져 있습니다. 따라서 DC형보다 수익률이 낮을 것이란 인식이 강합니다. 하지만 이는 오해입니다. 상황에 따라서 수익률 우위는 달라집니다. 대표적으로 임금상승률이 DC형 퇴직연금 운용 수익률보다 높다면 DB형에 더 유리할 수 있습니다. 사실 그보다 더 큰 변수는 변동성이 큰 금융시장의 특성상 근로자가 스스로 DC형을 굴리면서 DB형보다 나은 수익률을 유지한다는 보장이 없다는 것입니다.

▎퇴직연금제도 유형별 특징

구분	DB형	DC형	개인형IRP
급여형태	개인형IRP로 일시금 이전		연금 또는 일시금
수급요건	퇴직시		연금은 만 55세 이상 · 연금 수령 기간 5년 이상, 일시금은 제한 없음
급여액	퇴직 직전 3개월 평균 임금 × 근속 연수	매년 임금총액 × 1/12 + 운용수익 또는 손실	퇴직급여 이전 금액 + 운용 수익 또는 손실
적립금 운용주체	기업	가입자	가입자
개인 추가납입	불가	가능	연간 1,800만 원 이내 가능
중도인출	불가	가능	가능

세알못 연금으로 받는 게 일시금 수령보다 유리한가요?

택스코디 그렇습니다. 퇴직급여를 연금으로 받으면 일단 퇴직소득세를 30% 할인받습니다. 또 연금 수령 기간에 퇴직소득세를 나눠 내는 게 가능해 과세 이연 효과가 있습니다.

퇴직급여에 가입한 지 5년이 지나 만 55세 이상이라면 연금 수령이 가능하지만, 바로 받을 필요는 없습니다. 연금 수령 기간을 늘리면 퇴직소득세를 더 아낄 수 있습니다. 수령 조건이 된 뒤 11년 차부터는 퇴직소득세를 40% 감면해줍니다.

적립 당시 세액공제 받은 금액과 운용수익은 연령별로 연금소득세율을 적용받습니다. 연금소득세란 매년 연금 수령 한도 내에서 연금 계좌 적립금을 인출할 때 내는 세금입니다.

세율은 55세 이상 70세 미만 5.5%, 70세 이상 80세 미만 4.4%, 80세 이상이 3.3%입니다. 이는 최초 연금 수령일이 속한 해부터 1년 차로 계산합니다. 연금 수령 개시 시점이 늦어질수록 세율이 낮아집니다.

그리고 종합과세대상 사적연금소득이 1,200만 원을 넘으면 다른 소득과 합산해 종합소득과세(6~45%) 대상이 될 수 있는 만큼 연금 수령 기간을 늘리는 방식으로 수령액을 조절하는 게 현명합니다.

(만약 퇴직급여를 일시금으로 받는다면 연금 수령 한도를 초과한 인출, 즉 '연금 외 수령'으로 간주합니다. 이때는 퇴직소득세에 대한 할인은 없습니다. 더불어 세액공제 받은 금액과 운용수익은 기타소득세 16.5%를 적용받습니다.)

배우자에게 증여 시
주의할 점은?

세알못 배우자 증여는 어떤 상황이 되면 고려해야 하나요?

택스코디 크게 두 가지라고 생각하면 됩니다. 한쪽에 부가 너무 많이 쏠려 있어서 상속세가 너무 걱정될 때, 또 양도소득세와 또 보유세를 아끼고 싶을 때입니다.

세알못 서울 전용(면적) 84㎡ A 아파트에 자가로 살고 있습니다. A 아파트는 2015년 8월에 남편 명의로 6억 원에 샀습니다. 집이 하나 더 있는데, B 아파트는 현재 전세로 임대 중입니다. 1가구 2주택이 생각보다 세금 부담이 너무 커서 A 아파트를 팔려고 합니다. 지금 시세는 12억 원 정도 합니다. 양도소득세를 계산해 보니 제법 나오길래 A 아파트 지분의 절반을 남편에게 제가 증여받아서 공동명의로 바꾸려고 했더니, 2023년부터는 법이 바뀌어서 증여받고 집 팔면 세금폭탄을 맞는다던데, 정말인가요?

택스코디 일단 12억 원짜리의 지분 절반 하면 딱 6억 원입니다. 배우자는 6억 원까지 증여세 비과세가 되니 한번 증여를 해보자 이렇게 생각한 것 같습니다. 물론 이렇게 하면 증여세는 비과세가 됩니다. 그런데 배우자에게 증여한 뒤 이 부동산을 팔 거라고 말했습니다. 결론부터 말하면 팔 때 양도소득세를 줄이려면 앞으로 10년을 더 기다려야 합니다. 국가에서 '이월과세'라는 제도를 만들었기 때문입니다.

세알못 이월과세란 무엇인가요?

택스코디 증여를 통해서 취득가액을 올리게 되면 양도소득세를 줄일 수 있습니다. '이 효과를 10년(종전에는 5년) 동안에는 인정해주지 않겠다'라는 게 바로 이월과세라는 제도입니다.

세알못 이럴 때 남편 단독명의로 쭉 가져가는 게 유리한가요? 아니면 부부 공동명의로 하는 게 좋은가요?

택스코디 몇 가지 경우의 수로 나눠 생각해볼 수 있습니다. 다음을 봅시다.

1. 남편 단독명의로 10년 안에 매도

만약에 단독명의로 유지하다가 2024년에 15억 원에 팔게 되면 세금을 약 3억 원 내야 합니다.

2. 부부 공동명의로 10년 안에 매도

똑같이 2024년에 양도하면 남편은 (양도소득세로) 1억 3,300만 원 정도 내야하고, 아내도 거의 같은 1억 3,300만 원을 내야 해서 두 사람 세금을 더하면 2억 6,600만 원 정도로 1번의 경우와 비교해 많이 줄어들지 않습니다.

세알못 그런데 단독명의(1번)보다 몇 천만 원 줄어들잖아요.

택스코디 대략 3천만 원 정도 줄어드니 배우자 증여를 통해 공동명의로 전환하는 것이 좋지 않을까 이렇게 생각할 수도 있는데. 아내에게 절반의 지분을 넘기게 되면 약 2천만 원의 취득세를 내야하고, 1년 후에 집값이 만약에 15억 원까지 오르지 않으면 양도차익은 그만큼 줄어들게 됩니다. 따라서 양도소득세 절감 효과는 훨씬 더 줄어들 것이므로, 사실 그렇게 큰 실익이 없는 상황이 됩니다.

세알못 그럼 10년 이후에 같은 가격 15억 원으로 매도한다면 세금은 달라지나요?

택스코디 많이 바뀝니다. 남편 세금은 한 1억 800만 원으로 줄어듭니다. 그렇게 많이 줄어들지는 않습니다. 가장 많은 감소 폭을 보이는 건 아내입니다. 아내의 세금은 2,800만 원으로 확 줄어듭니다. 둘 다 합쳐서 한 1억 3,600만 원만 내면 되기 때문에 세금이 줄어드는 효과가 있습니다.

| 2015년 8월, 6억 원에 취득, 1가구 2주택인 상황

	단독명의	공동명의
10년 이내 매도 (2024년 15억 원에 매도)	3억 원	남편 1억 3,300만 원 아내 1억 3,300만 원 (합계 2억 6,600만 원)
10년 이후 매도		남편 1억 800만 원 아내 2,800만 원 (합계 1억 3,600만 원)

세알못   그러면 이거 말고 또 추가로 또 고려해야 하는 부분이 있을까요?

택스코디 취득세를 고려해야 합니다. 만약에 이 집이 조정대상지역에 있는 지역이라고 하면은 취득세가 기본세율이 아니라 중과세율을 적용받을 수 있기 때문입니다. 배보다 배꼽이 더 클 수 있으므로 조심을 해야 합니다.

또 과거 10년 안에 증여된 재산이 있다면 증여 대상 공제 6억 원을 이번에 다 쓸 수가 없으니 주의가 필요합니다.

세알못   그럼 사전증여재산은 어떻게 확인할 수 있나요?

택스코디 홈택스에 로그인해서 '증여세 결정 정보 조회'라는 부분에 들어가면 내가 혹시 증여로 인해서 뭔가 결정된 부분이 있는지 확인을 할 수가 있습니다. 따라서 실제 증여를 하기 이전에 남편, 아내한테 증여받았던 재산이 혹시라도 잡혀 있는 게 있는지 여기서 꼭 확인부터 해야 합니다.

주택을 임대해 월세를 받으면 종합소득세 신고를 해야 하나?

세알못 주택임대를 하고 있습니다. 월세를 한 푼이라도 받는다면 종합소 득세 신고를 해야 하나요?

택스코디 일반적으로 임대소득이 발생하면 사업자등록을 하는 것이 맞습 니다. 하지만 보유주택 수와 주택 가격에 따라 달라질 수 있으므 로 꼼꼼히 따져보는 것이 좋습니다.

1가구 1주택자이며 기준시가가 12억 원 이하면 주택임대소득에 대 해 과세를 하지 않습니다. 이 경우에는 사업자등록을 하지 않아도 됩니 다. 1가구 2주택자의 경우 월세가 곧 매출액이 됩니다. 보증금이 일부 있는 반전세의 경우에는 월세만 합산합니다.

전세보증금이 매출로 인정되는 것은 3주택자부터입니다. 3주택자의 경우 3억 원이 넘는 보증금이 있으면 보증금의 2.9%(2023년 정기예금 이자율)로 계산한 금액을 간주임대료로 보고 매출에 합산하게 됩니다.

주택임대소득은 2,000만 원을 넘지 않는 경우 분리과세해서 계산할 수 있습니다. 계산방식은 매출에서 50%만큼 필요경비로 공제하고 추가로 200만 원을 차감한 금액에 14%의 세율을 적용해서 계산합니다. 최저 소득세율이 6%이기 때문에 다른 소득이 적다면 오히려 14%의 분리과세를 적용하는 것이 불리할 수도 있습니다. 합산과세하는 것이 유리한지, 분리과세하는 것이 유리한지 살펴볼 필요가 있습니다.

세알못 주택임대 사업자등록을 하면 어떤 혜택이 있나요?

택스코디 추가 세금 부담을 낮추기 위해선 주택임대사업자 등록을 하는 것이 유리합니다. 주택임대사업자등록을 하는 경우 필요경비로 60%를 공제할 수 있고 추가 공제금액도 200만 원에서 400만 원까지 늘어납니다.

이밖에 실제 이자 비용 등 필요경비가 많이 발생하면 간편장부를 작성해서 실제 필요경비를 인정받는 방법도 있을 수 있습니다.

참고로 주택 수는 부부가 소유한 주택을 합산해 판정하므로 자녀가 보유한 주택 수는 제외됩니다. 주택임대소득에 대한 과세체계를 정리하면 다음과 같습니다.

비과세	부부가 보유한 주택 수가 1주택인 상태에서 해당 주택을 임대한 경우(다가구 주택 형태가 이에 해당)에 주택의 임대소득은 현행 세법에서 소득의 크기와 관계없이 임대소득세를 비과세 합니다. (기준시가 12억 원 이하인 경우)
분리과세	개인별 임대소득이 2천만 원 이하일 때 다른 소득과 분리하여 14%의 세율로 과세합니다. 세율은 수입금액에서 적용하는 것이 아니라 필요경비율(50%, 60%)과 공제액 (200만 원, 400만 원)을 적용한 과세표준에 적용합니다. 본인의 선택에 따라 종합과세를 선택해도 상관없습니다. (임대 보증금에 대한 간주임대료에 대한 과세는 3주택 이상 보유한 경우에 해당)
종합과세	개인별 주택임대소득이 2천만 원을 초과하면 다른 소득과 합산해 종합과세가 적용됩니다.

종합과세가 적용되는 일반 사업자는 다음 해 5월 중에 신고 및 납부를 해야 합니다. 일정 규모 이상의 매출액 (매매업 15억 원, 건설업 7.5억 원, 임대업 5억 원)이 발생하여 성실신고확인대상사업자가 되면 6월 30일까지 종합소득세 신고를 하면 됩니다.

또, 주택임대사업자는 다음 해 2월 10일까지 사업장현황신고도 해야 합니다. (과세사업자는 매년 1월과 7월에 부가가치세 신고를 해야 합니다.)

5

은퇴기 세테크

노후기가 되면 다니던 직장에서 퇴직하고 연금 생활을 시작하게 됩니다. 이 시기의 가장 중요한 돈 관리는 소득이 없는 상황에서 생활비를 확보하는 것입니다. 은퇴하기 전까지 매월 소득에 기초하여 이루어지던 소비지출 습관은 소득이 없어졌다고 달라지기 힘들죠. 국가로부터 받는 연금을 비롯하여 각종 연금으로 매월 받는 돈을 먼저 계산해 보고, 부족한 부분은 이자소득, 임대소득 등을 고려하고, 주택연금도 같이 고려해 볼 필요가 있습니다. 특히 은행에 돈을 맡기고 그 이자소득을 고려한다면 노인을 위한 비과세 상품인 생계형 저축을 반드시 이용하도록 합시다.

그리고 자산의 유동성을 높이고 비상자금도 넉넉히 확보해야 합니다. 노후에 나타나는 질병은 대체로 오래 계속하는 경우가 많고 갑작스럽게 찾아오는 경우도 많기 때문입니다. 그래서 언제라도 찾아 쓸 수 있는 비상자금을 반드시 준비할 필요가 있습니다. 이를 위해서는 주택, 땅 등 부동산을 줄이고 은행의 저축금과 같이 쉽게 현금화해서 찾아 쓸 수 있는 금융자산을 늘리는 것이 좋습니다.

60대에는 안전성을 고려한 돈 관리가 중요합니다. 50대뿐 아니라, 60대 역시 돈을 늘리려고 욕심을 부려서는 안 되는 시기입니다. 이자를 한 푼이라도 더 받겠다고 위험자산에 투자했다가 실패하면 평생 절약해 모은 재산을 한순간에 잃어버릴 수 있으니 주의가 필요합니다.

그리고 배우자와 돈 관리를 상의하고 상속계획과 유언도 미리 준비해 두면 좋습니다. 돈 관리를 주로 담당하였던 배우자가 갑자기 사망하여도 금융감독원의 '상속인 금융거래 조회서비스'를 통해 금융회사에 있는 저축금액 혹은 부채, 부동산 내역은 모두 조회가 가능합니다. 그러나 금융회사 이외의 곳에 보관해 놓은 보석, 현금 등은 자칫 그대로 아무도 모르게 묻히고 말 수 있습니다. 그러므로 미리 상속·증여에 대한 정보를 수집하여 상속·증여 계획을 세우고, 자녀들에게 남기고 싶은 이야기도 준비해 두어야 사망 후 자녀들 간의 분쟁을 막을 수 있습니다.

상속은 본인이 사망한 이후에 발생하며, 증여는 생전에 본인의 의사에 따라 진행됩니다. 상속세는 상속재산에 상속개시일 전 10년(상속인이 아닌 자에 증여한 재산은 5년) 이내에 증여한 재산을 합산하여 상속세를 부과합니다. 따라서 사망 시점으로부터 10년간의 증여재산과 상속재산의 총합계액에 상속세가 부과됩니다. 현재 우리나라의 상속 및 증여세율은 10~50%의 누진공제 세율을 적용하고 있습니다.

참고로 민법에서 정해놓은 방식을 따라 유언장 작성을 해야 합니다. 유언방식은 자필증서, 녹음, 공정증서(유언자가 증인 2인이 참여한 공증인 앞에서 유언내용을 말하는 방식), 비밀증서(유언자가 유언내용을 밀봉 후 2인 이상의 증인에게 알리는 방식), 구수증서(유언자가 질병 등의 긴급한 사유로 다른 방법을 택할 수 없을 때, 유언자가 2인 이상의 증인 앞에서 유언하고 증인이 받아 적는 방식) 등이 있습니다. 이 5가지 방식을 따르지 않으면 유언이 효력이 없습니다.

마지막으로 아름다운 삶을 마무리하는 준비를 합니다. 자녀에게 의지하지 않으면서 자신의 삶을 아름답게 마무리하는데 필요한 것들을 알아보고 준비합시다. 예를 들면, 노인을 위하여 집이나 요양보호소 시설에서 이루어지는 장기요양보험 서비스는 어떻게 받을 수 있는지, 내가 만일 갑자기 쓰러져 의식이 없을 때를 대비하여 의료기기에 의존하여 연명하고 싶지 않다면 '사전의료의향서'를 미리 작성해 놓는 것 등을 들 수 있습니다.

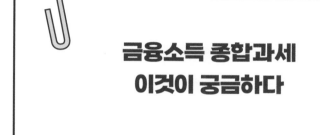

금융소득 종합과세 이것이 궁금하다

이자와 배당소득이 2,000만 원을 넘는다면, 매년 5월 말까지 금융소득 종합과세로 세금을 더 내야 합니다. 이에 따라 금융소득이 있는 경우 종합과세대상이 되는지에 대한 막연한 불안감을 가진 사람이 적지 않습니다.

하지만 실제 금융소득 종합과세대상은 우리나라 전체 인구의 0.3%, 연간 약 18만여 명에 그칩니다. 그중에서도 절반은 금융소득 5,000만 원 이하에 몰려 있을 정도로 금융소득 종합과세대상이 되는 경우는 많지 않습니다.

또한, 애초에 금융소득 종합과세가 되지 않는 금융소득도 많이 있습니다. 이런 금융소득이 있다면 큰 고민은 하지 않아도 됩니다.

세알못　종합과세하지 않는 금융소득은 어떤 게 있나요?

세알못　종합과세하지 않는 금융소득은 어떤 게 있나요?

택스코디　세법에 따라 은행 등 금융회사가 판매하는 '비과세' 상품의 이자
　　　　　수익은 금융소득 종합과세가 되지 않습니다.

　　　　　이자소득은 금융회사에서 15.4%(지방소득세 포함)를 원천징수로
　　　　　떼고 지급하는데, 비과세 상품의 이자소득은 소득세를 원천징수
　　　　　하지 않으면서 종합과세도 하지 않는 것입니다.

65세 이상 노인과 장애인, 독립유공자 등이 가입할 수 있는 비과세
종합저축은 대표적인 비과세 상품입니다. 또 농어가목돈마련저축, 청
년우대형 주택청약종합저축, 장병내일준비적금, 청년희망적금, 개인
종합자산관리계좌 ISA 등도 그 이자소득 중 일정 금액까지는 비과세
되면서 종합과세하지 않는 금융상품입니다.

장기저축성보험을 10년 이상 가입한 때에도 일정 요건을 충족하면
이자소득세가 비과세됩니다. 종신형 연금보험도 그 보험차익에 대해
비과세합니다.

농협, 수협, 산협, 신협, 새마을금고 등에 맡긴 예탁금도 이자소득이
비과세 됩니다.

비과세는 아니지만, 원천징수세율을 15.4%보다 낮게 적용하는 '세
금 우대'상품의 이자소득도 종합과세하지 않습니다.

세금우대종합저축의 경우 15.4%가 아닌 9.4%(농어촌특별세 포함)를

원천징수하는데, 원천징수로 세금을 내면 납세의무가 끝납니다.

ISA 계좌에서도 비과세 한도를 초과한 이자소득과 배당소득은 9%로 원천징수하고, 종합과세가 아닌 분리과세 됩니다.

세알못 새마을금고에 세금 우대(1.4%) 정기예탁금이 있습니다. 일반은행에서 이자소득이 1,960만 원이 있고, 새마을금고 이자소득이 42만 원이 있다면 2천만 원이 넘어서 금융소득종합과세 대상인가요?

택스코디 소득세법이나 조세특례제한법에 따라 비과세를 적용받는 이자소득은 금융소득종합과세 판단 시 2,000만 원에서 제외됩니다. 따라서 조세특례제한법(제69조의3)상 조합 등 예탁금에 대한 저율과세 등을 적용받는 이자소득도 종합과세대상 2,000만 원에서 제외됩니다.

세알못 2022년에 퇴직하고 확정기여형 퇴직연금을 일시불로 5,400만 원을 수령했습니다. 이 중 원금이 5천만 원이고, 400만 원은 이자입니다. 2022년에 발생한 금융소득이 1,800만 원이 있습니다. 종합소득세 신고 시 퇴직금에 속한 이자도 포함해서 종합과세 하나요?

택스코디 퇴직연금을 해지해 연금 외의 형태로 수령하는 경우 발생하는 운용수익은 기타소득에 해당하며 금융소득과 합산하지 않습니다. 즉, 퇴직연금을 일시불로 수령하는 경우 기타소득으로 보아 15% 세율(지방소득세 포함 16.5%)로 분리과세하는 것이며 금융소득에는 포함되지 않습니다.

세알못 증권사 CMA 통장에서 받는 이자도 금융소득에 포함해서 2천만 원이 넘으면 종합소득 합산신고해야 하나요?

택스코디 CMA 계좌에서 발생한 이자도 일반적인 이자소득과 마찬가지로 금융소득에 포함되며, 연간 금융소득(이자, 배당) 합계액이 2,000만 원을 초과한 경우에는 종합소득세 합산신고해야 합니다.

세알못 금융소득이 연간 2천만 원을 초과하는 경우, 2천만 원까지는 원천징수세율로 세금을 내면 되고, 2천만 원을 초과한 금액만 다른 소득과 합산해서 종합소득세를 내는 건가요? 아니면 2천만 원 초과하면 금융소득 전체에 대해 합산해서 세금을 내는 건가요?

택스코디 종합소득세는 개인의 연간 종합소득에 대해 납부하는 세금으로 금융소득이 2,000만 원을 초과하는 경우 신고납부하는 것입니다.

문의 경우 후자와 같이 합산과세대상 금융소득 '전액'을 타 소득과 함께 종합소득세 신고납부하는 것입니다. 다만, 종합소득세 신고 시에 금융소득 2,000만 원을 초과한 금액부터 종합소득세율이 적용됩니다.

세알못 증권사에서 금융소득 및 원천징수 명세서를 받았습니다. 소득금액이 1,800만 원 정도이고, 원천징수로 280만 원 정도가 공제됐습니다. 모두 국내주식 배당금과 CMA 계좌, 종합증권계좌 이자소득으로 원천징수됐습니다. 금융소득이 2천만 원 이하인 경우에도 종합소득세 확정신고를 해야 하나요? 직장인이라 1월에 근로소득 연말정산은 완료했습니다.

택스코디 근로소득에 대해 연말정산을 완료했고, 금융소득이 2,000만 원 이하로 원천징수가 됐다면, 그 외 합산할 종합소득이 없는 경우에는 종합소득세 확정신고를 하지 않아도 됩니다.

세알못 우체국 개인연금보험에 가입해 만기가 돼 일시불로 받았습니다. 수령액 중에서 이자와 배당금이 세후 2,500만 원 정도 됩니다. 이자와 배당금 모두 금융소득에 해당하나요?

택스코디 이자소득과 배당소득은 금융소득에 해당하며 연간 이자소득과 배당소득의 합계가 2,000만 원(원천징수 전)을 초과하면 금융소득을 사업소득 등 다른 소득과 함께 합산해 다음 해 5월에 종합소득세 신고를 해야 합니다.

양도세 비과세 가능한
농어촌주택의 요건은?

세알못 2019년에 아버지로부터 경북 청도의 면소재지 농촌주택을 증여받았습니다. 그래서 현재 사는 경기도 화성시 주택을 포함해서 시골주택 1채, 도시주택 1채로 1세대 2주택자입니다. 둘 다 보유한 지 3년은 넘었는데, 제가 장손이고 제사도 지내야 해서 시골주택을 팔 수 없고, 도시에 있는 주택을 팔고 싶습니다. 양도소득세 비과세를 적용받을 수 있나요?

택스코디 1세대 1주택 양도소득세 비과세 보유 및 거주기간을 재기산하는 제도가 폐지된 2022년 5월 10일 이후 양도분부터는 주택의 수와 관계없이 주택을 실제 보유하고 거주한 기간을 기준으로 1세대 1주택 비과세를 적용합니다.

아울러 증여받은 주택이 조세특례제한법 제99조의4 규정의 농어촌주택에 해당하고, 농어촌주택을 취득하기 전부터 보유하고 있던 일반주택을 양도하는 경우 농어촌주택은 없는 것으로 보고 1세대 1주택 비과세가 적용됩니다.(단, 양도가액 12억 원 초과분은 과세)

세알못 농어촌주택의 요건은 어떻게 되나요?

택스코디 다음과 같습니다.

① 지역요건

- 수도권 제외 읍면 또는 인구 20만 명 이하 시에 속한 동지역

- 도시지역(주거·상업·공업·녹지지역) 및 토지거래허가지역에 속하지 않을 것

- 조정대상지역 및 투기지역에 속하지 않을 것

- 관광진흥법상 관광단지에 속하지 않을 것

② 가액요건

- 2007.12.31 이전 취득주택은 취득당시 기준시가 7,000만 원 이하

- 2008.1.1 이후 취득주택은 취득당시 기준시가 1억5,000만 원 이하

- 2009.1.1 이후 취득주택은 취득당시 기준시가 2억 원 이하

③ 일반주택이 행정구역상 같은 읍면이나 연접한 읍면에 소재하지 않아야 함

세알못 면 소재지에 30년 동안 보유하고 있는 공시지가 5,000만 원 안팎의 농어촌주택이 있습니다. 그리고 2021년 1월에 신규분양을 받아 입주한 경기도 동탄의 오피스텔(주거용)이 있습니다. 농어촌주택은 주택 수에 포함이 안 될 수 있다던데 제 경우도 그런지 궁금합니다.

택스코디 조세특례제한법 제99조의 4에 따른 농어촌주택 특례는 농어촌주택을 취득하기 전에 보유하던 일반주택을 양도할 때, 농어촌주택을 없는 것으로 보고 1세대 1주택 비과세 규정을 적용하는 것입니다. 하지만 세알못 씨의 동탄 주택은 농어촌주택을 이미 보유하고 있는 상태에서 취득한 일반주택으로 이 규정을 적용받지 않습니다.

그런데 일시적 2주택 비과세는 적용 가능합니다. 만약 동탄 주택을 취득한 날부터 3년 이내에 농어촌주택을 양도한다면 일시적인 1세대 2주택 특례를 적용받을 수 있습니다.

갑작스러운 상속개시,
재산 파악부터 신고까지
살펴야 할 사항은?

세알못 갑작스럽게 상속이 이뤄졌습니다. 무엇부터 해야 하나요?

택스코디 먼저 사망한 가족의 재산 현황부터 파악해야 합니다. '안심 상속 원스톱 서비스'를 이용하면 지방세·자동차·토지·국세·금융거래· 국민연금·공무원연금·사학연금 등 재산을 한 번에 확인할 수 있 습니다. 조회 당일 기준으로 상속재산이 뭐가 있는지 리스트를 뽑을 수 있습니다. 다만 안심 상속 원스톱 서비스는 사망 이후 최 초로 뽑을 수 있는 기본적인 안일뿐입니다. 그것보다 더 중요한 내용은 금융거래 내역을 조회해서 각 금융기관에서 받은 자료들 을 봐야 합니다.

부동산은 등기를 보면 보유 현황이 다 나오니 사실 파악이 가능하지만, 채권, 채무 관계 등 포괄적인 재산 관계나 소득은 최근 10년 내 금융거래 내역을 보면서 확인할 필요가 있습니다. 갑작스러운 상속은 피상속인의 상황을 잘 모르고 준비를 못 한 상태에서 이루어질 때가 많기 때문입니다.

이런 확인을 선행하고 세무사를 만나면 상황을 더 정확하게 전달할 수 있고, 세금에 대해서도 좋은 검토안이 나올 수 있습니다. 납세자가 세무대리인을 찾아오면, 세무사는 거꾸로 납세자에게 인터뷰해서 사실관계 파악에 대한 누락을 방지하는 과정을 거치게 됩니다.

상속세는 사망 6개월 이내에 신고해야 합니다. 상속세는 신고 결정 세목이 아니고 국가 결정 세목입니다. 최종적인 결정 권한은 과세관청에 있다는 말입니다. 조사든 서면 확인이든 과세관청에서 확인하는 과정을 거칩니다. 신고뿐 아니라 추후 세무서에 대응하고 소명하는 부분들까지 고려해야 한다는 점에서 사실관계 파악이 중요합니다.

또 하나 말하고 싶은 점은 재산 관계에 대한 파악을 마쳤으면 그 선에서 멈추고, 다음 스텝은 세무사에게 상담을 받는 것이 절세 측면에서 유리하다는 점입니다.

예를 들어 상속인 중에 부동산 등기를 먼저 하고 세무사를 찾아오시는 분들이 있습니다. 반대로 세무사를 먼저 찾아서 합리적인 절세법을 찾은 뒤 등기를 하는 절차가 맞겠죠.

이렇게 세금에 대한 검토가 없이 일을 처리한 뒤 세무사를 찾으면 절세법 선택을 위해 재협의한 내용으로 등기를 다시 해야 하는 번거로움을 겪을 수 있습니다. 절세법을 선택하지 못한 채 신고기한을 넘겨 재분할 협의하는 상황도 겪을 수도 있습니다.

상속세라고 하면 돌아가신 날의 재산만 생각하는 경우가 많은데 그렇진 않습니다. 금융거래 내역을 조회해서 히스토리를 살펴볼 필요가 있다는 것도 이런 맥락입니다. 거래 내역을 확인하면 '어떤 사실관계가 있었구나'라고 추정이 되는 거고, 그걸 기반으로 상속재산에 포함이 될지, 안될지 정리를 하는 거죠.

세법상으로는 우선 10년 내 사전증여 받은 재산이 상속세 과세대상에 포함합니다. 추정상속, 간주상속이라는 것도 있습니다. 예를 들어 보험금이나 퇴직금 같은 경우 돌아가신 날 재산 잔고에는 안 들어가 있지만, 사망한 날 발생하기 때문에 상속재산에 들어갑니다. 경제적 이익을 상속인이 가져가기 때문에 결국 상속재산입니다.

돌아가신 분이 상속개시일 전 1년 내 2억 원, 2년 내 5억 원 이상의 현금을 뽑았을 때도 상속재산에 들어갈 수 있습니다. 어디에 썼는지 확실하지 않으면 상속받았다고 추정하는 거죠. 80% 이상 소명하지 못하면 일정 부분을 상속재산에 포함됩니다.

사망 당시 잔고가 없는데 상속세를 내야 하나 생각할 수 있습니다. 노인들은 현금을 뽑아 쓰는 경우가 많지만, 자녀들은 그 사용 내역을 잘 모르기 때문에 이런 추정상속 재산으로 인해 상속세를 낼 수도 있습니다.

결국, 일정 부분 세금을 낸다고 해도 미리 알고 계획하는 게 중요합니다. 모르고 지나가면 나중에 가산세를 내거나 무방비 상태로 국세청에서 말하는 부분들을 받아들여야 하는 상황이 됩니다.

법정신고기한	상속일이 속하는 달의 말일부터 6개월 이내
제출서류	상속세 과세표준신고 및 자진납부계산서 상속세 과세가액 계산명세서 상속인별 상속재산 및 평가명세서 채무·공과금·장례비용 및 상속공제명세서 배우자상속공제명세서 상속개시 전 1년 또는 2년 이내 재산처분: 채무부담 내역 및 사용처 소명명세서
제출기관	국세청 홈택스 또는 피상속인의 주소지 관할세무서
납부 방법	일시납부원칙, 납부세액이 1,000만 원 초과할 때 분할납부 가능

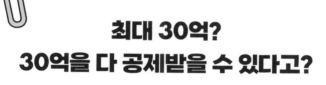

최대 30억?
30억을 다 공제받을 수 있다고?

배우자는 사망한 남편(또는 아내)하고 '재산을 공동으로 형성했다'라는 부분이 있으므로 배우자 공제를 추가로 적용합니다. 최소 금액은 5억 원부터 최대 30억 원까지를 공제 (실제 배우자가 받는 금액을 기준) 해 주고 있습니다.

세알못   최대 30억? 30억을 다 다 공제받을 수 있다고요? 저게 가능해요?

택스코디   최대 30억 원까지 공제를 받을 수 있는데 실제로 40억을 받든 50억을 받든 60억을 받든 30억 원까지만 공제를 받을 수 있다고 보면 됩니다.

세알못 만약에 자녀 1명, 배우자 1명이 있는데, 30억 상속을 받게 됐습니다. 이때 어머니가 다 가져갔다면 정말 30억, 배우자 공제 30억 원 최대한도 내로 다 받을 수가 있는 건가요?

택스코디 이때는 얘기가 조금 달라집니다. 법정상속 비율(상속인들끼리 재산 협의가 잘 안될 때, 법에서 정해 놓은 비율)이라는 게 정해져 있습니다. 자녀 같은 경우는 1:1:1 동등합니다.

배우자는 여기에 5할을 가산해서 1.5배 적용이 되고 있습니다. 따라서 이때 자녀와 배우자 1명이 상속인이라고 한다면 1 대 1.5가 되고 이 법정상속 비율에 해당하는 금액을 한도로 해서만 공제를 받을 수가 있습니다.

세알못 그럼 30억 다 해 주는 게 아니네요.

택스코디 예를 들어서 한번 살펴보면 상속재산이 30억 원이고 배우자가 실제로 다 30억 원을 가져갔다 했을 때 30억 원을 다 공제받을 수 있는 게 아니라 법정상속 비율인 배우자 1.5 대 자녀 1로 구분을 한 실제 18억 원(30억 원 × 1.5/2.5)까지를 한도로 적용을 해서 18억 원만 공제를 받을 수가 있습니다.

여기에 일괄공제 5억 원을 더해 총 23억 원을 공제받게 됩니다.

세알못 그러면 재산이 30억 되는 분들이 얼마나 되겠습니까? 최대가 30억이라 제가 먼저 여쭤본 거고 최소로 받을 수 있는 게 5억이었잖아요. 그러면 일괄공제 5억, 배우자 공제 5억 최소 그냥 10억은 상속세 걱정 안 해도 되는 겁니까?

일단 상속세가 없다고 할 수는 있는데 이때 상속세가 없다고 해서 끝날 거는 아닙니다. 그다음에 재산을 어떻게 나누느냐에 따라서 2차 상속 부분에 대한 부분이 발생할 수 있으므로 조금 더 나누는 배분의 비율을 고려해야 합니다.

예를 들어서 아버지가 사망 당시에 10억 원의 재산을 가지고 있었는데 이때 자녀가 어머니를 위해서 상속재산을 다 양보해서 어머니가 다 가져갔다고 하면 어차피 상속세는 발생하지 않습니다. 일괄공제 5억 원과 배우자 공제를 활용하면 상속세는 발생하지 않겠죠. 그런데 어머니가 사망하는 두 번째 상속이 발생할 때 예를 들어 어머니가 한 푼도 쓰지 않고 상속재산 10억 원을 다 물려주셨다고 한다면 자녀가 상속을 받을 때는 일괄공제 5억 원을 적용받을 수 있지만, 배우자가 없으므로 배우자 공제를 적용받을 수 없어서 상속세 9,000만 원을 납부해야 되는 상황이 됩니다.

택스코디 효자가 오히려 세금을 더 많이 내야 하는 아이러니한 상황이 될 수 있죠.

세알못 만약에 그러면 처음부터 반반 나눠 가지면 어때요?

택스코디 반반 나눠 가진다고 하면 1차 상속 때는 상속세가 발생하지 않죠. 그리고 어머니가 한 푼도 쓰지 않고 그 5억 원을 그대로 사망하면서 상속재산으로 넘어갔다고 하더라도 이때는 일괄공제 5억 원으로 전부 다 공제를 받을 수 있으므로 상속세가 2차 상속 때도 발생하지 않게 됩니다. 따라서 그냥 처음부터 반반씩 나눠 갖는 게 절세는 더 유리합니다.

세알못 그럼 만약에 자녀한테 10억 원을 다 몰아주면 그때는 어떻게 될까요?

택스코디 자녀한테 10억 원을 다 몰아준다 하더라도 처음에 상속세가 발생하진 않습니다. 배우자 상속공제는 배우자가 한 푼도 받아 가지 않아도 살아있기만 한다면 5억 원의 최소 공제금액은 적용해 주고 있으므로 이때도 10억 원까지는 상속세가 발생하지 않습니다.

정리하면 어머니하고 자녀가 반반씩 나눠 가진 경우 그리고 자녀가 10억 원을 다 가져간 경우, 이 두 경우에는 상속세가 발생하지 않는 거고. 가장 안 좋은 경우는 어머니가 다 가져갈 때입니다.

세알못 10억까지는 일단 상속세 걱정을 안 해도 된다고 했는데 요즘 서울 강남 같은 경우는 웬만한 집이 다 10억을 넘어가는 경우가 많잖아요. 예를 들어서 15억의 아파트를 상속받았다. 이 경우 한번 계산 좀 해 주세요.

택스코디 일단은 15억이라고 한다면 최소 10억 원까지는 상속세가 없으므로 나머지 5억 원에 대해서는 상속세가 나와야만 하겠죠. 그런데 여기서 동거주택 상속공제라는 걸 적용받을 수 있다고 하면 상속세를 안 낼 수도 있습니다.

동거주택 상속공제란 하나의 주택에서 사망한 피상속인과 상속인인 자녀가 상속일로부터 소급해서 과거 10년 이상 같이 살았다고 하면 이때는 최대 금액 6억 원까지 공제를 받을 수 있는 동거주택 상속공제라는 게 있습니다. 따라서 방금 말했던 것처럼 15억 원의 아파트라고 한다면 일괄공제 5억 원, 배우자 공제 최소 5억 원 그리고 동거주택 상속공제 5억 원 남은 금액까지 공제를 받게 되면 자녀가 아파트를 상속받았다고 하더라도 상속세는 한 푼도 내지 않을 수 있겠죠.

세알못 단독상속하는 경우 말고 집을 왜 지분을 어머니하고 자녀가 나눠 갖게 되는 경우 있잖아요. 그 경우는 어떻게 되나요?

택스코디 이때는 동거주택 상속공제는 배우자는 받을 수가 없습니다. 상속인인 자녀만 받을 수 있으므로 상속인인 자녀가 받은 지분에 대해서만 공제를 적용받을 수가 있습니다.

은퇴 후 소득이 줄어들어, 세금 부담되면?

살다 보면 참 많은 세금을 내게 되는데, 그중에서 가장 부담스러운 세금 중 하나가 보유세입니다. 단순히 재산을 보]유했다는 이유로 내는 세금입니다. 보유세는 주택·토지 등 부동산을 보유한 경우 내는 세금이고, 종합부동산세와 재산세 등 종류에 따라 납부 시기가 다릅니다. 토지 재산세는 9월에 납부, 건물·주택은 7·9월에 나눠 냅니다. 종합부동산세는 매년 12월 1일부터 15일간 납부 가능합니다.

은퇴 후 소득이 줄어들면 세금처럼 부담스러운 것도 없습니다. 2022년부터 종합부동산세 납부유예나 분납이 가능하도록 바뀐 것은 정말 다행입니다.

2023년부터 1주택·만60세 이상이면 납부유예 신청이 가능합니다. 양도·상속·증여, 1주택 자격 박탈 시까지 유예 가능합니다. 일시적 2주택·상속주택·지방 저가주택 등도 유예 대상에 포함합니다. 납부기한 3일 전까지 신청서를 작성해 관할 세무서에 제출하면 됩니다.

세알못 종합부동산세에 이어 주택 재산세도 납부유예가 도입됐다는데요. 어떤 내용인가요?

택스코디 지방세법 개정으로 고령자 주택 재산세도 납부유예가 가능합니다.

은퇴 후 소득이 줄어든 고령자는 재산세 유예 신청이 가능합니다. 추후 양도·증여·상속 등 처분 시 미뤄둔 재산세는 일괄 납부해야 합니다.

세알못 그렇다면 난 이 집을 팔 생각이 없고 계속 살 거라고 한다면 평생 재산세를 안 내도 되는 건가요?

택스코디 매도가 아닌 상속·증여해도 일괄 납부는 필수입니다. 또 재산세 납부유예 이자율이 2.9%이므로 득실을 잘 따져봐야 합니다.

세알못 그런데 살다 보면 계획대로 되지는 않잖아요. 주택을 더 매입해서 다주택자가 되면 어떻게 되는 건가요?

택스코디 재산세 납부유예 중 다주택자가 될 때는 납부유예는 취소되고 세금 전액을 일시 내야 합니다. 따라서 향후 다주택자 계획 있다면 납부유예는 비효율적입니다.

세알못 그럼 당장 재산세가 부담되는 분들은 한 번쯤 고려해봐도 좋을 것 같은데요. 주의할 점은 무엇인가요?

택스코디 주택 재산세 납부유예 시 주의할 점은 다음과 같습니다.

· 납부유예 제도, 조건 만족 시 자동 적용 아닌 신청 필수
· 재산세 고지서 내 납부기한 확인 → 3개월 전까지 신청

권말부록

알아두면 쓸모 있는 절세 상식 사전

세금보다 무서운 건강보험료를 주의하자

매년 5월이 되면 많은 국민이 세금 부담을 걱정합니다. 프리랜서나 사업자는 물론 연말정산을 했던 직장인들도 다른 소득이 있으면 5월에 종합소득세를 다시 신고하고 내야 하기 때문입니다.

특히 연간 2,000만 원이 넘는 금융소득이나 주택임대소득이 있는 경우 종합과세에 따른 추가 세금 부담이 불가피합니다. 다른 소득과 합산해서 높은 세율로 세금을 계산해야 합니다.

그런데 실제 종합과세대상이 되는 사람들은 세금보다 더 부담스러운 것으로 국민건강보험료를 꼽습니다. 소득이 늘면, 세금뿐만 아니라 건강보험료도 함께 늘어나기 때문입니다.

더구나 건강보험 지역가입자의 경우 소득은 물론 보유재산의 규모에 따라서도 그 부담이 급격히 늘 수 있는 구조입니다.

직장가입자는 소득에 대해서만 보험료를 계산하고 계산된 보험료도 회사와 반씩 나눠 부담하지만, 지역가입자는 소득과 재산, 보유 차량까지도 점수화해 보험료를 산출하고 그 전액을 본인이 부담합니다. 지역가입자인 개인사업자들이 세금보다 건강보험료를 더 무서워하는 이유입니다.

실제 같은 소득이 있더라도 직장가입자와 지역가입자의 금융소득에 따른 건강보험료 '추가부담액'은 큰 차이를 보입니다.

직장인으로 지난해 근로소득 총급여 8,000만 원과 금융소득(이자) 2,100만 원이 있는 경우 금융소득 종합과세로 추가되는 소득세 부담은 연간 11만 원, 금융소득에 따른 건강보험료 추가부담은 8만 원으로 산출됩니다.

하지만 같은 기준에서 사업소득 8,000만 원과 금융소득 2,100만 원이 있는 지역가입자는 금융소득에 따른 추가 세금 부담은 11만 원으로 직장가입자와 같지만, 건강보험료 추가부담액은 무려 168만 원에 달합니다.

직장가입자의 배우자나 동거가족인 피부양자로 건강보험에 가입돼 있다가 소득이 발생하면서 지역가입자로 전환된 경우도 적지 않습니다.

이들은 별도의 보험료 부담을 하지 않다가 지역가입자로서 소득은 물론 재산과 차량 보유 부분에 대해서도 보험료를 내야 하므로 체감하는 보험료 부담은 더욱 큽니다.

특히 피부양 자격 기준은 연 소득 3,400만 원 이하에서 2022년부터 2,000만 원 이하로 더욱 강화됐습니다.

금융소득 등 과세소득 합산금액이 연 2,000만 원이 넘으면 피부양자 자격이 상실되고, 프리랜서 등으로 사업자등록 없이 일하더라도 연간 500만 원을 초과한 사업소득이 있다면 피부양 자격을 잃습니다. 사업자등록을 한 경우에는 소득이 1원이라도 생기면 별도의 지역가입자가 됩니다.

여기에 재산요건까지 작용합니다. 소득이 전혀 없더라도 재산세 과표 5억4,000만 원 초과의 재산을 보유한 경우라면 피부양자 자격을 유지할 수 없습니다.

| 건강보험 직장가입자의 피부양 자격요건

가입자와의 관계	배우자(사실혼 포함) 직계존속(배우자의 직계존속 포함) 직계비속(배우자의 직계비속 포함) 및 그 배우자 형제·자매
소득	연간 소득 2,000만 원 이하 사업소득 500만 원 이하인 미등록 사업자 임대소득 없는 미등록사업자 사업소득 없는 등록사업자(휴·폐업) 사업소득 500만 원 이하의 장애인 등 등록사업자
재산	재산세 과표 5억 4천만 원 초과 ~ 9억 원 이하이면서 연소득 1천만 원 이하 재산세 과표 5억 4천만 원 이하 형제·자매는 재산세 과표 1억 8천만 원 이하

금융소득 종합과세대상자는 세금뿐만 아니라 건강보험료 부담도 늘어나는데, 지역가입자이면 그 부담이 상당합니다. 본인의 소득에 따른 추가 세금 부담과 건강보험료 부담을 미리 확인해본다면 부담을 줄일 수 있을 것입니다.

흩어진 노후자금
한 번에 인출 가능할까?

세알못 연금저축과 개인형 퇴직연금(IRP) 등 여러 계좌에 흩어진 노후
자금을 하나로 합쳐서 연금을 인출할 수 있을까요?

택스코디 결론은 가능합니다. 계좌이체 제도를 이용하면 됩니다. 계좌이체
는 연금저축 간, IRP 간 가능한 것은 물론, 조건만 맞으면 연금저
축과 IRP 간에도 가능합니다. 가능 조건은 다음과 같습니다.

• 연금저축-IRP 간 계좌이체 가능 조건: 연금저축과 IRP 간 이체를
하려면 연금 수령 요건을 갖춰야 합니다. 연금 수령 요건은 연금저축이
나 IRP 가입자의 나이가 만 55세 이상이며, 연금 계좌를 가입한 지 5년
이 지나야 합니다. 다만 연금 계좌에 퇴직금을 입금한 경우라면 가입한

지 5년이 지나지 않아도 연금 수령 요건이 충족된 것으로 간주합니다.

세알못 그럼 연금 수령 요건을 충족하기만 하면 되는 건가요?

택스코디 이체할 때는 적립금 전부를 이체해야 한단 조건이 붙습니다. 일부 이체는 불가능하다는 말입니다. 연금을 수령하고 있는 계좌로 자금을 이체할 수도 없습니다.

이미 연금을 수령 중인 계좌에서 아직 수령을 개시하지 않은 계좌로는 이체할 수 있습니다. 다만 이때도 보험회사에서 종신연금을 수령하는 경우라면 이체가 어렵습니다. 2013년 3월 1일 이후 가입한 연금 계좌에서 그 이전에 가입한 계좌로 자금을 이체하는 것 역시 불가능합니다.

세알못 그럼 계좌 이체할 때 투자하던 상품 전체를 그대로 옮기는 것은 가능한가요?

택스코디 일부 증권사에서 해당 증권사 IRP와 연금저축 간 이체 시 현물 이전을 해주고는 있습니다. 하지만 일반적으론 불가능하다고 보는 것이 맞습니다. 이 경우엔 기존 계좌에서 편입한 상품을 모두 매도해 현금으로 전환한 후 이를 이체하고, 옮겨간 계좌에서 금융상품을 다시 매수해야 합니다.

세알못 연금저축-IRP 간 계좌이체 때 주의할 점은요?

택스코디 이처럼 계좌이체를 활용해 흩어진 연금 계좌를 통합해 노후자금을 관리하면 편리한 점이 있습니다. 자금을 운용하는 포트폴리오

관리가 용이해지고, 연금소득과 지출의 매칭과 관련해 필요한 현금흐름의 파악을 쉽게 할 수 있다는 겁니다. 하지만 이렇게 계좌를 통합해 관리할 때 주의할 점도 있으니 잘 살펴야 합니다.

먼저 중도인출 가능성을 염두에 둬야 합니다. 연금저축에서는 언제든 적립금 일부를 중도 인출할 수 있습니다. 그러나 IRP 계좌에서는 법에서 정한 사유에 해당하지 않으면 적립금 일부를 중도 인출할 수 없습니다. 따라서 목돈이 필요해 IRP 계좌의 적립금을 이용하려면 IRP 자체를 해지할 수밖에 없습니다. 이 경우 연금을 수령할 때보다 세 부담이 커지게 됩니다.

연금저축펀드와 IRP에서의 투자 가능 상품의 차이 및 투자 한도 유무의 차이도 고려해야 합니다. IRP의 경우 계좌 하나에서 다양한 실적배당상품과 원리금보장 상품을 두루 투자할 수 있지만, 연금저축펀드에서는 펀드 및 ETF(상장지수펀드) 외 일부 실적배당상품과 원리금보장 상품은 투자할 수 없습니다. 위험자산 투자 한도는 IRP 계좌에서는 적립금의 70%까지만 가능하지만, 연금저축펀드에서는 따로 정해진 것이 없습니다.

마지막으로 수수료 체계의 차이도 살펴야 합니다. 연금저축펀드에서는 별다른 계좌관리 수수료를 부과하지 않지만, IRP에서는 운용관리 및 자산관리 수수료가 별도로 부과될 수 있습니다. 이에 따라 연금 저축에서 IRP로 계좌이체 할 때 수수료 부담이 가산될 수 있다는 점도 고려해야 합니다.

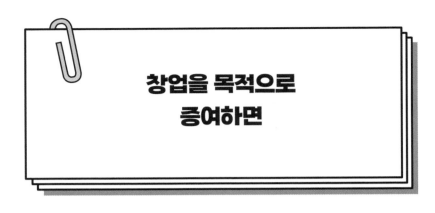

창업을 목적으로 증여하면

창업을 활성화하기 위해 나라에서 세금 혜택을 주고 있습니다. 수도권 과밀억제권역 외 지역에 신규로 창업하면 5년 동안 종합소득세나 법인세를 50% 감면해줍니다. 창업하는 청년에 대한 혜택은 더 큽니다. 청년이 창업하면 5년간 최대 100% 세금을 감면받을 수 있고, 수도권 과밀억제권역에서 창업해도 50%를 감면받습니다.

또, 부모 세대의 부를 창업을 통해 자녀에게 이전하면 세금에 대한 혜택이 있습니다. 일반적인 증여보다는 경제를 활성화한다는 의미에서 주어지는 혜택이죠.

창업을 목적으로 증여받으면 5억 원까지 공제받고, 나머지 금액에 대해서는 10%의 세율로 부과합니다. 단, 30억 원 초과분에 대해서는 50%의 세율을 적용합니다. 쉽게 말하면 약 5억 원까지는 세금 없이 부모에게 증여받을 수 있는 거죠.

단, 증여한 부모가 사망하면 상속세를 낼 때 증여받은 창업자금은 상속세 과세가액에 합산합니다. 우리나라 상속세 과세체계는 상속세를 매길 때 증여받은 금액도 합산해서 신고하게 되어있기 때문입니다.

세알못 창업자금 증여 과세특례를 받으려면 조건은 무엇인가요?

택스코디 창업자금 증여 과세특례를 적용받기 위한 조건은 다음과 같습니다.

창업하는 자녀는 증여받은 날로부터 2년 이내에 창업하고, 4년 이내에 해당 자금을 사용해야 합니다. 자녀는 18세 이상, 주는 부모는 60세 이상이어야 합니다.

사후 유지 조건도 있습니다. 이 조건이 까다로운 편입니다. 창업 후 사업을 10년 동안 유지해야 합니다. 사후관리 조건을 지키지 않으면 추후 창업자금이 부과돼 세금을 추징당할 수 있으니 주의해야 합니다.

얼마나 절세할 수 있는지 예를 하나 들어봅시다. 만약 일반증여로 5억 원을 부모에게 받았다고 해봅시다. 이전 10년 동안 5억 원 외에 더 받은 돈이 없다면, 4억 5,000만 원 (5억 원-5,000만 원)에 대해 세금이 부과됩니다. 세율을 적용하면 산출세액은 8,000만 원이죠. 반면 창업자금으로 5억 원을 증여받으면 낼 세금이 없습니다.

증여액이 클수록 창업자금 증여 과세특례를 활용해 절세할 수 있는 금액이 커집니다. 직원을 10명 이상을 고용해 35억 원을 증여하면 증여세는 3억 원(10%) 수준입니다. 일반증여일 때에는 최고세율이 50%까지 적용돼 12억6,500만 원을 내야 합니다. 최대 10억 원 가까이 차이가 나는 거죠.

창업자금 증여 과세특례를 적용받으려면 증여세 신고기한까지 창업자금 특례신청 및 사용 내역서를 제출해야 합니다. 증여세를 신고하면서 함께 제출해야 특례를 적용받을 수 있으니 꼭 잊지 맙시다. 증여세 신고는 증여일이 속하는 달의 말일부터 3개월 이내에 합니다. 예를 들어 증여일이 2023년 8월 10일이라면 11월 30일까지 신고해야 합니다.

창업 후 사후관리도 중요합니다. 창업자금 증여 과세특례로 증여받으면 창업일이 속하는 과세연도부터 4년 이내까지 매년 창업자금 사용명세를 제출해야 합니다. 증여받은 창업자금 내역, 창업자금의 사용내역, 이를 확인할 수 있는 사항을 포함해서 제출하니 증빙 사항을 잘 챙겨둬야 합니다.

세알못 창업자금 증여세 과세특례에 대한 업종 제한은 없나요?

택스코디 조특법 제6조 제3항에 규정되어 있는 창업중소기업에 해당해야 특례를 적용받을 수 있습니다. 광업, 제조업, 건설업, 통신판매업,

음식점업, 정보통신업, 전문, 과학 및 기술 서비스업, 사회복지 서비스업, 예술, 스포츠 및 여가 관련 서비스업, 협회 및 단체, 수리 및 기타 개인 서비스업 등이 해당합니다.

세알못 사후관리 요건을 지키지 않으면 증여세가 추징된다는데, 예외 사항은 없나요?

택스코디 창업 후 10년 이내에 해당 사업을 폐업하거나 휴업하면 안 된다는 사후관리 요건에 대해서는 특수한 상황에 한 해 추징되지 않을 때도 있습니다. 부채가 자산을 초과해 폐업한 경우가 해당합니다. 최초 창업 이후에 영업상 필요 또는 사업전환을 위해 2년 이내에 1회에 한 해 휴업, 폐업해도 증여세를 추징하지 않습니다. 다만 해당 사항에 대한 증빙자료가 있어야 합니다.

내야 할 세금보다
더 냈거나, 덜 냈을 때는

자동차세나 재산세처럼 계산된 세금고지서가 오는 때에는 세금 내기가 쉽지만, 소득세나 부가가치세처럼 납세자가 스스로 세금을 계산하고 신고(자진신고)해야 하는 세금들은 납세자가 실수할 수가 있습니다. 전문가인 세무대리인을 통해서 신고하더라도 마찬가지입니다. 이렇게 스스로 신고하고 내는 세금은 크게 두 가지 실수가 나올 수 있습니다. 내야 할 세금보다 더 냈거나, 덜 냈거나죠.

세알못 내야 할 세금보다 더 내면 어떻게 해야 하나요?

택스코디 이때는 '경정청구'라는 방법으로 돌려받을 수 있습니다.

세금 신고를 잘못해서 내야 할 세금을 더 냈거나, 결손이나 환급이 생겨서 돌려받아야 할 세금이 있는데 제대로 돌려받지 못한 경우에 경정청구를 신청할 수 있습니다.

세금을 신고·납부한 지 5년이 넘지 않았다면 경정청구가 가능합니다. 정확하게는 법정 신고납부기한부터 5년 이내라면 신청할 수 있습니다.

예를 들어 2022년 소득에 대한 종합소득세는 2023년 5월 말까지 신고·납부해야 하니 2028년 5월 말 이전까지는 경정청구로 돌려받을 기회가 있습니다.

경정청구 결과는 청구서가 관할 세무서에 접수된 날부터 2개월 이내에 받아볼 수 있습니다. 경정청구가 받아들여지면 경정청구를 신청할 때 적은 계좌로 환급세액이 바로 입금됩니다.

세알못 그럼 내야 할 세금보다 덜 냈을 때는 어떻게 해야 하나요?

택스코디 반대로 신고납부한 세금이 정당하게 내야 할 것보다 적으면 '수정신고'를 통해 바로잡을 수 있습니다. 세금을 덜 낸 건 이득이니 그냥 숨기고 있어도 되지 않을까 하는 생각이 들 수 있지만, 모른 척하고 있으면 나중에 탈세범으로 몰려 더 큰 세금을 추징당할 수 있습니다. 그래서 스스로 바로잡을 기회를 주는 것이 수정신고죠.

수정신고는 비록 실수였다 하더라도 신고기한이 지난 후에 바로

잡는 것이어서 가산세부담을 피할 수는 없습니다. 적게 신고했다면 과소신고가산세, 더 돌려받았다면 초과환급가산세 등을 부담해야 합니다.

다행히 수정신고를 빨리하면 할수록 가산세부담은 줄일 수 있습니다. 법정 신고기한이 지난 후 1개월 이내에 수정신고 하면 가산세의 90%를 깎아줍니다. 3개월 이내에는 75%, 6개월 이내에 수정신고하는 경우에는 가산세의 50%를 깎아줍니다. 또 1년 이내에 수정신고 하면 가산세의 20%를 줄일 수 있습니다.

신고·납부한 지 1년이 지났더라도 2년 내에만 수정신고 하면 가산세의 10%는 줄일 수 있습니다. 하지만 2년이 지난 후부터는 수정신고는 가능하지만, 가산세는 감면해주지 않습니다.

국세청은 납세자들이 신고납부한 세금을 사후에 검증하는 절차를 거칩니다. 따라서 스스로 수정신고를 하지 않고 버티다 보면 국세청이 확인해서 고지서를 보내는 상황도 발생합니다.

수정신고는 어디까지나 신고납부에 대해서만 할 수 있는 것이므로 고지서가 날아오면 수정신고를 하고 싶어도 할 수 없다는 것도 기억해둬야 합니다.

해외 주식 양도소득세 절세법은?

지난해 해외 주식에서 수익이 났다면 올해 5월 말까지 양도소득세 확정신고와 납부를 해야 합니다. 만약 확정신고 기한까지 신고하지 않으면 20%의 무신고가산세가 붙고, 부정 신고 시 40% 가산세가 부과됩니다. 미납할 경우 납부지연가산세도 내야 합니다.

양도소득세 대상자는 해외 주식으로 250만 원을 넘게 번 투자자입니다. 지난해 1월1일부터 12월 31일까지 결제가 끝난 해외 주식이 과세대상입니다. 양도소득세율은 22%나 됩니다. (그래서 2022년 증권사들은 차액결제거래(CFD)를 통해 해외 주식에 투자하라는 광고를 많이 했죠. CFD 양도소득세는 11%로 절반이기 때문입니다.)

세알못　2023년에는 주식 시장이 조금씩 반등하면서 해외 주식으로 수익을 보고 있는 분들이 많은 것 같습니다. 저도 2022년에는 양도소득세 납부 대상자가 아니었겠지만, 올해는 대상이 될 수도 있겠죠? 해외 주식 양도소득세 계산법은 어떻게 되나요?

택스코디 국내주식은 양도소득세가 부과되지 않지만, 해외 주식은 세금까지 신경 써야 합니다. 국내주식에 1억 원을 투자해서 10% 수익을 내 1,000만 원을 벌었다면 세금은 한 푼도 내지 않아도 되지만, 해외 주식으로 1,000만 원을 벌었다면 165만 원을 세금으로 내야 합니다. 250만 원에 대해서는 세금을 면제받고, 남은 이익인 750만 원에 22%의 양도소득세를 적용한 겁니다.

$$(1,000만 원 - 250만 원) \times 22\% = 165만 원$$

세알못 해외 주식 세금이 생각보다 많은데, 줄이는 방법은 없나요?

택스코디 아주 큰 수익이 났다면 가족에게 증여하는 것이 방법입니다. 증여세의 경우 10년 동안 배우자는 6억 원, 미성년자 자녀는 2,000만 원, 성년 자녀는 5,000만 원까지 공제할 수 있기 때문입니다.

예를 들어 1억 원으로 매수한 주식이 5억 원이 되었으면 세금으로만 1억 원가량을 내야 합니다. 하지만 이를 배우자에게 증여한 다음 같은 가격에서 배우자가 매도하면 양도소득세를 한 푼도 내지 않아도 됩니다. 1억 원가량을 아낄 수 있는 겁니다.

증여받은 주식을 매도하면 주식의 취득가액은 증여받은 날의 전후 2개월의 평균가액입니다. 해외 주식을 증여받은 배우자가 계속 투자해 수익을 낸다고 해도, 증여받은 날을 기준으로 이보다 더 높게 매도한 차익에 대해서만 양도소득세를 적용합니다. 증여를 통해 취득가액을 높임으로써 양도소득세를 줄일 수 있는 겁니다.

그리고 해외 주식은 손익통산이 가능하므로 적절한 '손절'도 세금을 줄일 수 있습니다. 손실과 이익을 합산한 순이익에 대해서 양도소득세를 부과하기 때문입니다. 국내 비상장주식, 장외거래 주식과도 손익통산이 가능합니다.

예를 들어 LVMH 매도로 큰 수익을 실현했다면 손실이 나고 있는 해외 주식 하나를 일단 매도하는 것도 좋은 방법입니다. 다시 매수하면 되죠. 하지만 같은 날, 같은 계좌에서 다시 매수하면 안 됩니다. 증권계좌에서 '매도' 후 '매수'가 아닌 '재매수'로 결제가 이뤄질 수도 있기 때문입니다. 하루 정도의 시차를 두고 매도한 주식을 다시 사야 합니다.

매도의 타이밍도 고려해야 합니다. 과세대상 기간은 1월 1일부터 12월 31일까지지만, 양도소득세의 과세기준일은 결제일입니다. 특히 미국 주식의 결제일은 T+3이고요. 12월 마지막 날 매도하면 올해 손익에 포함되지 않습니다. 또 양도차익은 환율을 반영한 원화로 계산하고, 환율 적용일은 매매일이 아닌 결제일 기준이라는 점을 알아야 합니다.

다행히 많은 증권사가 양도소득세 신고를 무료로 대행해 주고 있습니다. 다만 손익 통산을 해야 하는 주식 간 계좌가 다르다면 미리 증권사의 상담을 받아보는 걸 추천합니다. 세금을 내는 방법을 공부해야 소중한 수익을 조금이라도 더 지킬 수 있습니다.

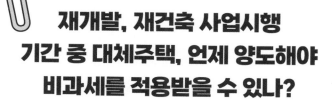

재개발, 재건축 사업시행 기간 중 대체주택, 언제 양도해야 비과세를 적용받을 수 있나?

또 말하지만, 이사를 하느라 일시적으로 2주택을 보유하게 되면 살던 집을 처분할 때, 1주택자처럼 양도소득세를 내지 않아도 되는 혜택을 줍니다. 법적으로 투기목적의 거래가 아니라고 인정되는 일시적 1세대 2주택자에 대한 비과세 혜택이죠. 이사 간 후 살던(보유하던) 집을 파는 조건으로 비과세하는 겁니다.

그래서 새로 집을 취득하기 전 2년 넘게 보유하던(취득 시 조정대상지역은 2년 이상 거주도 해야 함) 집을, 새로운 집 취득 후 3년 안에 팔아야만 하는 조건을 꼭 갖춰야 합니다.

> **세알못** 그럼 살던(보유하던) 집이 재건축이나 재개발지역에 묶여 일시적으로 이사 갈 집을 취득해야 하는 경우는 어떻게 되나요?

> **택스코디** 공사기간 동안 잠시 이주해서 살 집을 취득한 경우를 말하는 것
> 같습니다. 새로 지어지기는 하지만, 종전에 살던 주택에 다시 들
> 어가고, 대신 임시였지만 새로 취득한 집을 양도하는 애매한 상
> 황이죠. 이런 경우도 투기목적의 거래는 아니므로 잠시 이주해
> 서 살기 위해 매입한 대체주택을 양도할 때, 양도소득세가 비과
> 세됩니다.

문제는 재개발·재건축을 이유로 취득한 대체주택의 비과세가 생각
보다 어렵다는 데 있습니다.

일반적인 이사는 집주인의 의지에 따라 이사일정을 어느 정도 조정
할 수 있지만, 재개발·재건축은 여러 세대와 이해관계자가 얽혀 있다
보니 공사기간 등 일정이 생각대로 진행되지 않기도 하죠. (특히 2022년
부터는 기존 소규모재개발사업뿐만 아니라 가로정비주택사업이나 자율주택정비
사업도 비과세 대상 재개발·재건축 범위에 포함됐습니다. 그만큼 비과세에 대한 궁
금증은 더 늘었습니다.)

> **세알못** 재개발·재건축 사업시행 기간 중 대체주택은 언제 취득, 양도해
> 야 비과세를 적용받을 수 있나요?
> **택스코디** 재개발·재건축사업 기간 중 거주목적으로 취득한 대체주택에 대

한 양도소득세 비과세는 '사업시행인가일 현재 1주택자'에 한해 적용합니다. 따라서 대체주택은 '사업시행인가일 이후에 취득'해야 합니다(소득세법시행령 156조의 2 5항).

재개발·재건축 사업시행인가일 현재 1주택이 멸실 되어 불가피하게 거주할 목적으로 취득하는 주택에 대해서도 비과세를 해주기 위한 규정이기 때문입니다. 따라서 사업시행인가일 현재 2주택 이상을 보유한 경우에는 이 특례를 적용받을 수 없습니다.

또 재개발·재건축 기간 중 취득한 대체주택은 재개발·재건축 주택이 완성되기 전 또는 완성된 후 2년 이내에 양도해야 비과세를 적용받을 수 있습니다.

사업시행인가일 현재 2주택 이상이면 원칙적으로 비과세가 적용되지 않지만, 사업시행인가일 현재 일시적 1세대 2주택에 해당하면서 대체주택 취득 전에 일시적 2주택의 종전주택을 양도하는 경우에는 해당 규정을 적용받을 수 있습니다.

세알못 재개발·재건축 주택을 임대하면 대체주택 비과세를 적용받을 수 있나요?

택스코디 법 문구상으로 국내에 1주택을 소유한 1세대로 명시돼 있고, 재건축되는 종전주택의 거주요건은 별도로 언급하고 있지 않습니다.

따라서 1세대가 다른 곳에 임대로 거주하면서, 소유하고 있는 1주택은 다른 사람에게 임대주고 있는 경우에도 이 규정의 요건을 충족하는 경우에는 대체주택 비과세를 적용받을 수 있습니다.

세알못 그럼 대체주택을 임대해도 대체주택 비과세를 적용받을 수 있나요?

택스코디 재개발·재건축사업 기간 중 거주목적으로 취득한 대체주택에 대한 비과세 규정이기 때문에, 반드시 대체주택에서 1년 이상 거주를 해야 합니다. 이때 1년 이상 계속 거주해야 하는 것은 아니며, 통산해서 1년 이상 거주하는 요건입니다.

세알못 재개발, 재건축 주택이나 대체주택이 조정대상지역이면 어떻게 되나요?

택스코디 본 규정은 종전주택 및 신규주택의 조정대상지역 여부와 무관하게 적용 가능합니다.

■ 재개발, 재건축 사업시행 기간 중 대체주택, 양도소득세 비과세 적용 정리

① 사업시행인가일 현재 1주택이어야 한다.

② 사업시행인가일 이후에 대체주택을 취득해야 한다.

③ 대체주택에서 1년 이상 거주해야 한다.

④ 신축주택 완성일로부터 2년 이내에 신축주택으로 세대 전원이

이사한 후에 1년 이상 계속 거주해야 한다.

⑤ 신축주택이 완성되기 전이나 완성된 후 2년 이내에 대체주택을 양도해야 한다.

만약 세대 전원이 무주택인 상황이라면 사업시행인가가 난 이후에 재개발·재건축 주택을 취득하고, 그 이후에 대체주택을 취득해서 이 규정 적용이 가능합니다.

즉, 재개발·재건축이 진행되는 주택은 사업시행인가 전부터 관리처 분인가일 사이에 취득하면 되고, 대체주택은 사업시행인가일 이후나 관리처분계획인가일 이후에 취득해도 됩니다.

토지보상절차 진행 시 양도 시기는 언제가 될까?

토지보상을 받는 토지주의 가장 큰 관심사는 보상가격입니다. 대부분 원하는 만큼의 보상금액이 책정되지 않다 보니 보상금을 더 받기 위한 법적 절차를 행하는 경우가 많습니다.

보상가액은 기본적으로 사업시행자와 토지주와의 협의가 원칙이지만, 협의가 안 되는 경우 법에서 정한 절차(수용재결, 이의재결, 행정소송)에 따라 진행이 됩니다. 이렇게 토지수용이 되면 토지주는 토지를 매도하고 대금 또는 채권, 대토 등을 받게 되기에 매매차익에 대한 세금이 동반되는데, 그럼 이 양도소득세는 언제까지 신고·납부해야 되는지 살펴봅시다.

일반적으로 부동산을 매도하는 경우 양도소득세는 양도일이 속하는 달의 말일로부터 2개월 안에 신고 및 납부를 해야 합니다. 여기서 양도일이란 대금청산일과 소유권이전등기접수일 중 빠른 날을 의미합니다.

토지보상은 기본적으로 협의매수가 이뤄지면 소유권을 이전하고 협의한 보상금을 받으면 되지만, 대부분 사업시행자가 제시한 보상가가 너무 적어 협의매수가 잘되지 않으므로 법적 절차인 수용재결 과정을 밟는 경우가 많습니다. (수용재결이란 협의가 안 되는 경우 토지수용위원회가 보상금 지급 또는 공탁을 조건으로 수용의 효과를 결정하는 행정처분절차입니다.)

수용재결이 되면 재결결과에 따라 사업시행자는 재결보상금을 토지주에게 지급하게 되는데, 이때 토지주가 그 보상금을 받을 수 있지만, 재결보상금이 마음에 안 들어 거부할 수도 있습니다.

거부하는 경우 사업시행자는 수용개시일 전까지 재결보상금을 법원에 공탁하고 소유권은 강제로 사업시행자로 이전하게 됨으로써 수용재결은 마무리됩니다. 이 재결보상금도 기대치에 미치지 못하는 경우 다음 절차인 이의신청(이의재결)을 하거나 곧바로 행정소송을 진행할 수도 있습니다.

세알못 그럼 토지보상절차 진행 시 양도일은 언제가 되나요?

택스코디 소득세법에서는 토지수용의 경우 대금청산일, 소유권이전등기접수일, 수용개시일 중 빠른 날을 양도 시기로 보고 있습니다. 일반적인 부동산 매도에는 없는 수용개시일이 언급돼 있는데 이 수용개시일이란 수용재결을 진행하는 경우 토지수용위원회가 수용을 개시하기로 결정한 날을 의미하며 수용재결서에 기재돼 있습니다.

협의매수로 보상금을 받으면 수용재결절차를 진행하지 않아 수용개시일이 없어 대금청산일(보상금 수령일)과 소유권이전등기접수일 중 빠른 날이 양도일이 돼 이날이 속하는 달의 말일로부터 2개월 내 신고 및 납부를 하면 됩니다.

그리고 협의매수는 거절했지만, 수용재결을 통해 결정된 보상금을 이의제기 없이 그대로 수령하는 경우에는 보상금 수령일(공탁일)과 수용개시일, 소유권이전등기접수일 중 빠른 날을 양도 시기로 봐 양도소득세를 신고납부하면 됩니다.

그런데 재결보상금에 대해 이의신청(이의재결)이나 행정소송을 진행하는 경우에는 보상금이 확정되지 않아(대금청산일은 미정) 수용개시일과 소유권이전등기접수일 중 빠른 날을 양도 시기로 봐 양도소득세를 신고납부해야 합니다. 그 후 행정소송 등으로 보상금이 증액되면 증액보상금을 기존 신고한 보상금액에 합산해 증액보상금을 수령(공탁일)한 날이 속하는 달의 말일로부터 2개월 안에 수정신고 해야 합니다. 만일 기일이 지나거나 하지 않으면 가산세가 발생해 주의해야 합니다.

세알못 보상금 증액을 위해 이러한 일련의 절차를 수행하는 과정에서 변호사에게 성공보수를 지급했는데 이 변호사 보수도 양도소득세 신고 시 필요경비로 인정받을 수 있나요?

택스코디 선행적으로 필요경비로 인정받기 위해서는 취득가액이 실제로 있어야 가능한데 만일 취득계약서 분실 등으로 환산해서 취득가액을 산정하는 경우에는 실제 지출된 경비가 있다고 하더라도 필요경비로 인정받지 못합니다.

실제 취득가가 있다는 전제하에 얘기하면 수용재결을 거쳐 바로 행정소송을 가거나 수용재결을 거친 다음 이의재결 후 행정소송으로 가는 등 일련의 과정에서 단계마다 증액된 보상금에 대해서 성공보수를 각각 지급하게 되는데 이때 양도소득세 계산 시 필요경비로 인정되는 부분은 행정소송 과정에서 발생한 보수만 필요경비로 인정된다는 유권해석이 있으니 참고하면 좋습니다.

금융소득의 90%는
여기서 발생한다

부자일수록 저축보다는 투자를 많이 합니다. 금융소득 종합과세대상이 되는 금융소득의 90%가 이자가 아닌 배당에서 발생한다는 사실이 이를 증명합니다.

이자와 배당소득이 연간 2,000만 원을 넘는 금융소득 종합과세대상자는 약 18만 명. 우리나라 전체인구 대비로는 0.3%, 경제활동인구 대비로는 0.6%에 해당합니다. 이들이 벌어들인 종합과세대상 금융소득은 25조 원이 넘습니다. 그런데 이 중 대부분이 배당에서 발생합니다.

은행에서 이자를 받을 때는 소득세를 떼고 받습니다. 투자한 주식에서 배당을 받을 때도 마찬가지입니다. 증권사에서 소득세를 떼고 줍니다.

이때 세금을 떼는 원천징수세율은 15.4%(14%의 소득세와 소득세의

　　　　　　　　　　　　　　스무살부터 배우는 절세법

10%로 부가하는 지방소득세 1.4%)입니다. 이자와 배당과 같은 금융소득은 이렇게 원천징수로 소득세를 떼면 납세의무가 끝납니다. 하지만 이런 금융소득의 합계가 연간 2,000만 원이 넘으면 좀 다르게 계산합니다.

직장인의 근로소득이나 사업자들의 사업소득, 기타소득 등 다른 소득과 합산해서 소득세 누진세율을 적용합니다. 금융소득 종합과세제도 때문입니다.

현재 소득세 누진세율은 과세표준이 되는 소득 구간에 따라 6%~45%에 이릅니다. 15.4%로 원천징수될 세금이 합산소득에 따라 49.5%(지방소득세 포함)까지 뛸 수 있는 셈입니다.

예를 들어 과표소득 1억 원으로 소득세 누진세율 38.5%(지방소득세 3.5% 포함)를 적용받는 사업자가 3,000만 원의 금융소득을 추가로 얻은 경우, 2,000만 원 초과 금융소득 1,000만 원에 대해서는 15.4%가 아닌 38.5%의 높은 구간의 세율이 적용됩니다.

물론 이때, 금융소득은 2,000만 원까지는 15.4%의 원천징수세율이 적용되고, 2,000만 원을 초과한 소득만 누진세율을 적용합니다. 아울러 이미 15.4%로 떼인 세금은 공제됩니다.

이렇게 작년 한 해 동안 이자와 배당 등 금융소득이 2,000만 원을 초과했다면 5월에 금융소득을 다른 소득과 합산해서 종합소득세 신고를 해야 합니다.

세알못　2023년 1월 1일부터 12월 31일까지 금융소득은 4,000만 원이며, 금융소득 이외의 다른 소득은 없습니다. 소득세를 얼마나 내야 하나요?

택스코디 먼저 과세기간 금융소득인 4,000만 원을 구분해야 합니다. 금융소득 2,000만 원을 초과해 종합과세대상자라 해도, 0원에서 2,000만 원까지 구간은 분리과세대상이기 때문입니다. 해당 2,000만 원에는 원천징수 세율인 14%가 적용됩니다.

그리고 2,000만 원을 초과하는 4,000만 원까지의 구간은 금융소득 종합과세대상자가 되는데, 이 2,000만 원이 종합소득세 과세표준이 되는 것입니다. 세율은 다음 표와 같습니다.

┃ 종합소득세 누진공제표

과세표준	세율	누진공제액
1,400만 원 이하	6%	
1,400만 원 ~ 5,000만 원 이하	15%	126만 원
5,000만 원 ~ 8,800만 원 이하	24%	576만 원
8,800만 원 ~ 1억 5천만 원 이하	35%	1,544만 원
1억 5천만 원 ~ 3억 원 이하	38%	1,994만 원
3억 원 ~ 5억 원 이하	40%	2,594만 원
5억 원 ~ 10억 원 이하	42%	3,594만 원
10억 원 초과	45%	6,594만 원

과세표준 2,000만 원에 해당하는 세율은 15%입니다. 세알못 씨의 소득세를 계산하면 다음과 같습니다.

- 0원 ~ 2,000만 원 이하 구간:

  2,000만 원 × 14% = 280만 원 (원천징수)

- 2,000만 원 초과 ~ 4,000만 원 이하 구간:

  2,000만 원 × 15% - 126만 원 (누진공제) = 174만 원

그럼 세알못 씨의 금융소득 종합과세 금액(지방소득세 10% 제외)은 454만 원(280만 원 + 174만 원)일까요?

지금부터는 세알못 씨의 금융소득을 오로지 분리과세 방식으로 다시 계산해 보겠습니다. 그 이유는 금융소득이 2,000만 원을 초과하면 분리과세를 적용했을 때와 종합과세를 적용했을 때를 비교해 더 큰 금액을 소득세로 징수하기 때문입니다.

- **분리과세 적용 시 세금: 4,000만 원 × 14% = 560만 원**

정리하면 세알못 씨는 소득세로 560만 원에 지방소득세 10%(56만 원)를 추가해 616만 원을 내야 합니다.

참고로 다른 소득 없이 금융소득만 존재한다는 가정하에 금융소득 종합과세로 산출한 세액이 원천징수 세액과 비교해 세금 부담이 증가하는 구간은 7,760만 원을 초과하는 금액부터입니다.

체납한
국세 소멸시효는?

세알못 6년 전에 10여 년 넘게 운영해오던 사업장의 문을 닫았습니다. 무리하게 사업 확장을 시도한 것이 화근이었습니다. 예기치 못한 악재들이 연달아 겹치면서 결국 사업은 폐업했습니다. 그 여파로 모든 재산을 처분해도 빚은 남아 있었고, 결국 신용불량자 신세가 됐습니다. 하지만 포기하지 않았고, 닥치는 대로 일을 해 부채를 모두 갚고, 본인 명의로 작은 집도 한 채 장만했습니다. 하지만 또 시련이 닥쳤습니다. 세무서에서 압류통지서가 날아왔습니다. 6년 전 사업을 접을 당시 국세를 체납했다는 이유입니다.

택스코디 먼저 체납한 세금의 '국세징수권 소멸시효'가 완성됐는지부터 확인해 봐야 합니다. 소멸시효가 완료됐다면 국세를 징수할 수

있는 권한이 사라져 해당 압류 통지는 무효가 되기 때문입니다. '소멸시효'는 권리자가 권리를 행사할 수 있었음에도 일정 기간 내 이를 행사하지 않음에 따라 그 권리를 소멸시키는 제도를 일컫습니다. 여기서 권리자는 세금징수자인 정부를 의미합니다. 현행 세법에선 5억 원 미만 국세는 5년, 5억 원을 넘어가는 국세에 대해선 10년으로 규정하고 있습니다.

'국세징수권 소멸시효'와 '국세부과 제척기간'을 혼동해선 안 됩니다. 전자는 국세청 부과 등으로 확정된 국세를 징수할 수 있는 기간으로, 조건이 충족되면 중단 및 정지가 가능합니다.

후자는 국세청이 납세자에게 국세를 부과할 수 있는 기간으로, 경과시 역시 국세를 부과할 수 없게 되는데 상속·증여세와 그 이외 국세로 기간이 나뉩니다. 상속·증여세는 사기나 그 밖의 부정한 행위, 무신고, 거짓신고, 누락신고(15년), 그 밖의 경우(10년)로 다시 구분합니다. 상속·증여세 이외 국세는 무신고(7년), 사기나 그 밖의 부정한 행위(10년), 그 밖의 경우(5년)로 분류합니다. 제척기간의 중단이나 정지가 없다는 점도 차이입니다.

구분			기간	비고
국세부과 제척기간	상속·증여세 이외 국세	무신고	7년	제척기간 중단 및 정지 없음
		사기나 그 밖의 부정한 행위	10년	
		그 밖의 경우	5년	
	상속·증여세	사기나 그 밖의 부정한 행위, 무신고, 거짓신고, 누락신고	15년	
		그 밖의 경우	10년	
국세징수권 소멸시효	5억 원 이상 국세		10년	소멸시효 중단 및 정지 사유 존재
	5억 원 미만 국세		5년	

(참고로 소멸시효 기간을 결정하는 기준금액 5억 원을 판단할 때 2020년 1월 1일 이후 신고·고지하는 분에 대해선 가산세를 제외하고 있습니다.)

세알못   그럼 해당 소멸시효는 어떻게 계산되나요?

택스코디   일단 납세자의 신고로 납세의무가 확정되는 국세의 경우 신고세액에 대해선 법정 신고납부기한 다음날부터 소멸시효를 계산합니다. 반면 자진신고를 하지 않았거나 과세관청에서 세액을 경정 또는 결정하는 경우 납부·고지한 세액에 대해서는 고지에 따른 납부기한 다음날부터 소멸시효를 기산합니다.

하지만 국세청이 소멸시효가 넘어가는 걸 그저 지켜만 보진 않습니다. 납부고지, 독촉, 교부 청구(체납자 재산에 이미 강제징

수 등과 같은 법적 절차가 이뤄지고 있는 경우 배당을 청구하는 조치), 압류 등을 실시합니다. 그리고 이때까지 경과한 진행 기간을 초기화해 소멸시효를 다시금 기산합니다. 바로 소멸시효 '중단'입니다.

가령 2015년 귀속 종합소득세 2억 원 신고 후 체납했다면 종합소득세 법정 신고납부기한 다음날인 2016년 6월 1일로부터 5년이 지난 2021년 5월 31일이 지나면 해당 체납 세금에 대한 소멸시효가 완성됩니다.

하지만 국세청에서 2018년 1월 1일 자로 그달 31일을 납부기한으로 삼아 고지를 했다면 소멸시효가 멈추게 됩니다. 이에 따라 2018년 2월 1일부터 재차 5년을 기산하게 되기 때문에 2023년 1월 31일이 돼야 소멸시효가 완료됩니다. 또 소멸시효 진행 기간 중 분납 기간, 납부고지의 유예, 납부기한 연장, 징수 유예기간, 압류 또는 매각 유예기간, 연부연납기간, 사해행위 취소소송이나 채권자 대위 소송 진행 기간, 체납자가 국외에 6개월 이상 체류하는 경우 등에는 소멸시효가 '정지'됩니다.

스무살부터 배우는 절세법

사회 초년기부터 은퇴 후 생활까지 모르면 손해 보는 절세비법

초판 1쇄 발행	2023년 11월 17일
지은이	택스코디
펴낸이	곽철식
디자인	임경선
마케팅	박미애
펴낸곳	다온북스
출판등록	2011년 8월 18일 제311-2011-44호
주 소	서울시 마포구 토정로 222 한국출판콘텐츠센터 313호
전 화	02-332-4972
팩 스	02-332-4872
이메일	daonb@naver.com

ISBN 979-11-93035-21-4 (13320)